4671

LE NOUVEAU

PARFAIT SERRURIER

ou

Recueil de Serrurerie

CONTENANT

DIVERS MODÈLES DE GRILLES POUR TOMBEAUX, BALCONS, RAMPES, ESCALIERS, ETC.,

PAR

DEMONT ET THIERRY

PARIS

CHEZ MARIE ET BERNARD, ÉDITEURS

RUE DES GRANDS AUGUSTINS, 1.

NOUVEAU TRAITÉ

DE SERRURERIE.

NOUVEAU TRAITÉ

DE

SERRURERIE

OU

VIGNOLE

À l'usage

Des Ouvriers Serruriers et de tous les Constructeurs,

AVEC LE SYSTÈME COMPLET DE LA POSE DES SONNETTES;

Par **DEMONT**, Architecte;

GRAVÉ

Par **MARLIER**.

———— ⊷◦⊶ ————

Paris

CHEZ P. MARIE ET A. BERNARD, ÉDITEURS,

RUE DES GRANDS-AUGUSTINS, 1.

1851

NOUVEAU TRAITÉ

DE SERRURERIE.

Je me propose d'enseigner, dans cet ouvrage, les procédés géométriques à l'aide desquels le serrurier doit tracer les épures des pièces qu'il a à fabriquer, ainsi que les ajustements et assemblages des divers morceaux qui concourent à former un ensemble de serrurerie.

Chacun des exemples renfermés dans ce livre, sera accompagné des tracés graphiques et des détails nécessaires à son exécution.

DÉFINITION PREMIÈRE.

Le *point*, la *ligne*, la *surface* servent à définir les solides (1) employés dans la serrurerie, c'est-à-dire à représenter les morceaux de fer d'un ensemble de serrurerie sous les différentes formes que le serrurier doit leur donner dans la fabrication de cet ensemble.

Le *point* n'a pas de dimension, c'est l'endroit où une ligne cesse d'exister. Attendu que la ligne elle-même n'est qu'une longueur sans largeur ni épaisseur, le point et la ligne proprement dits ne sont donc que les limites de la surface qui, elle-même, n'a que longueur et largeur, sans hauteur ou épaisseur.

La *surface*, à son tour, sert à limiter les solides ou corps qui sont toujours terminés par un nombre quelconque de surfaces.

Il y a plusieurs espèces de lignes :

La *ligne droite*, *pl. I, fig.* 1, qui est toujours le plus court chemin d'un point quelconque A à un autre point quelconque B;

La *ligne brisée* A B C D E F, *fig.* 2, qui n'est qu'un composé de lignes droites;

La *ligne courbe régulière*, *fig.* 5, c'est-à-dire celle produite par un trait de compas E F, et dont tous les points sont également éloignés d'un autre point appelé son centre;

La *ligne courbe irrégulière* C D, *fig.* 4, qui n'est produite ni par le compas ni par aucun moyen graphique régulier;

La *ligne mixtiligne* A B, *fig.* 3, c'est-à-dire une ligne composée à la fois de lignes droites et courbes;

Les droites *g h* I K, *fig.* 6, sont des lignes *parallèles;* c'est-à-dire que ces lignes situées dans le même plan seront toujours également éloignées l'une de l'autre, à quelque distance qu'on les prolonge. Si, au lieu d'être droites, ces lignes étaient courbes, mais qu'elles fussent toujours situées dans le même plan et également éloignées l'une de l'autre dans toute leur étendue, ces lignes s'appelleraient courbes parallèles. Quand une ligne droite coupe une autre ligne droite d'équerre, ces lignes sont *perpendiculaires* entre elles.

La ligne R S, *fig.* 8, est une ligne *verticale;* c'est la ligne produite par un fil, au bout duquel un plomb est abandonné à son propre poids. Cette ligne est toujours perpendiculaire, c'est-à-dire d'équerre, avec la ligne horizontale *p q, fig.* 9, qui est appelée *horizontale*, parce qu'elle est parallèle à l'horizon, ou, pour mieux me faire comprendre, parce qu'elle est de niveau.

Toute ligne droite, L M, *fig.* 7, qui n'est ni de niveau, ni d'équerre avec une autre ligne droite, est une ligne *oblique*.

ANGLES.

L'inclinaison produite par la rencontre de deux lignes droites ou courbes, qui se coupent en un point, *fig.* 10, 11, 12, s'appelle *angle*. Le *sommet de l'angle* est le point de rencontre ou d'intersection de ces lignes.

---

(1) On appelle solide ou corps tout ce qui réunit les trois dimensions qui forment l'étendue, c'est-à-dire tout ce qui a longueur, largeur et hauteur.

L'*angle* produit par une ligne droite et une ligne courbe, *fig.* 10, s'appelle *mixtiligne;*
Celui produit par deux lignes courbes, *fig.* 11, se nomme *curviligne;*
Celui formé par deux lignes droites, *fig.* 12, s'appelle *rectiligne.*
On distingue trois espèces d'angles : *angle droit, angle aigu, angle obtus.*
L'*angle droit, fig.* 14, est formé par la rencontre de deux lignes qui se coupent d'équerre.
L'*angle aigu* est moins grand que l'angle droit, *fig.* 12.
L'*angle obtus* est plus grand que l'angle droit, *fig.* 15.
Les angles se mesurent au moyen de la circonférence (divisée, suivant les anciennes mesures, en 360 parties égales appelées degrés, et, suivant les nouvelles, en 400 parties égales appelées aussi degrés). On prend pour centre de cette circonférence le sommet de l'angle ; alors le nombre de divisions comprises entre les côtés de ce dernier indique le nombre de degrés de cet angle.

TRIANGLES.

Le *triangle rectiligne* est une figure qui a trois côtés formés par trois lignes droites et qui contient aussi trois angles.
Il y a trois espèces de triangles:
Le *triangle rectangle,* qui a un angle droit ;
Le *triangle obtusangle,* qui a un angle obtus ;
Le *triangle acutangle,* qui a ses trois angles aigus.
Le triangle, qui a ses trois côtés égaux, *fig.* 13, se nomme *triangle équilatéral;*
Celui qui n'a que deux côtés égaux, *fig.* 16, se nomme *triangle isocèle,* et celui qui a ses trois côtés inégaux, *fig.* 17, se nomme *triangle scalène;*
Le *triangle curviligne, fig.* 18, est celui dont les côtés sont formés par des lignes courbes.
Le *triangle mixtiligne, fig.* 19, est celui dont les côtés sont composés de lignes droites et courbes.
La base d'un triangle est l'un de ses côtés, suivant l'exigence de l'opération; alors l'angle opposé à ce côté, pris pour base, est le sommet du triangle, et la perpendiculaire, abaissée du sommet de ce triangle sur sa base, est la hauteur de ce dit triangle. Ainsi, *fig.* 16, dans le triangle A B C, si l'on prend B C pour base, A est le sommet du triangle, et la perpendiculaire A D la hauteur. Quelquefois, la perpendiculaire tombe en dehors du triangle, comme pour le triangle D E G, *fig.* 17; car, dans ce triangle, en prenant D G pour base, la perpendiculaire abaissée du sommet E du triangle sur la base D G ne pourra donner la véritable hauteur E F de ce triangle, qu'en prolongeant la base D G, jusqu'à la rencontre F de la perpendiculaire E F; mais la base réelle du triangle n'aura toujours pour longueur que celle de D G.
Si, dans le triangle rectangle, on prend pour base l'une des deux lignes qui forment l'angle droit, l'autre ligne en sera la hauteur, puisqu'elles se coupent perpendiculairement. Le côté opposé à l'angle droit a pour nom hypothénuse.
Dans tout triangle, la somme des trois angles égale 180 degrés, ancienne mesure, ou 200 degrés, nouvelle mesure, enfin deux angles droits, ou la moitié de la circonférence.

QUADRILATÈRES.

Le *quadrilatère* est une figure qui a quatre côtés pour contour.
La *fig.* 20 est un quadrilatère *mixtiligne,* c'est-à-dire composé de lignes droites et courbes.
Le *carré, fig.* 21, est un quadrilatère dont les quatre côtés sont égaux et les quatre angles droits. C'est pourquoi on prend indistinctement pour sa hauteur, l'un de ses côtés et pour base, l'un des autres côtés, mais mieux celui qui se joint avec le côté pris pour hauteur.
La *losange, fig.* 22, est un quadrilatère dont les quatre côtés sont égaux, mais dont les angles opposés et non situés sur la même droite sont seuls égaux.
Le *parallélogramme rectangle, fig.* 23, a ses quatre angles droits et ses côtés opposés parallèles et égaux. Il a aussi pour hauteur indistinctement l'un de ses côtés, mais pour base l'un des côtés qui forme angle droit avec celui pris pour hauteur. La ligne R S de cette figure, qui joint deux angles opposés, s'appelle diagonale.
Le *parallélogramme non rectangle* ou *oblique, fig.* 24, a ses côtés parallèles égaux, et les angles opposés, et non situés sur la même droite, égaux. Il a pour hauteur, la perpendiculaire élevée sur l'un des côtés pris à volonté, et pour base ce côté.
Le *trapèze, fig.* 25, est un quadrilatère dont deux côtés seulement sont parallèles. Il a pour hauteur la perpendiculaire aux deux côtés parallèles qui en sont les bases.

POLYGONES RÉGULIERS.

Il y a encore des figures régulières qu'on appelle *polygones réguliers,* et qui ont les côtés et les angles égaux, comme l'indiquent les figures 30 et 31. On leur donne différents noms, suivant le nombre de leurs côtés. Ainsi, on appelle pentagone, celle qui a cinq côtés, hexagone celle de six, heptagone celle de sept, octogone celle de huit, ennéagone celle de neuf, décagone celle de dix.

La *circonférence*, *fig.* 26, est une ligne courbe dont tous les points sont également éloignés d'un autre point intérieur appelé son *centre*. La ligne VX, qui passe par le centre et qui partage la circonférence en deux parties égales, est le *diamètre* de cette circonférence. La ligne *t u*, qui coupe la circonférence en deux points sans passer par le centre, est une *sécante*.

Le *demi-diamètre* IK, *fig.* 27, mené du point de centre K à la circonférence I, s'appelle *rayon*. La ligne LM, qui touche la circonférence au seul point I, et qui est perpendiculaire, sur le demi-diamètre IK, est une *tangente* à cette circonférence ; le point I est le *point de contact*.

Le *cercle* est la superficie renfermée dans la circonférence ; le *cercle* est donc une surface, tandis que la *circonférence* n'est qu'une ligne.

La portion de circonférence *d e f*, *fig.* 27, est un *arc*, et la ligne *d f*, qui joint les deux extrémités de cet arc, est une *corde*. L'espace A, compris entre cet arc et sa corde, est une portion de la superficie du cercle, et se nomme *segment*.

La portion de surface, *fig.* 27, comprise entre deux rayons K*d*, K*f* et l'arc *d e f*, s'appelle *secteur*.

Les *figures concentriques*, *fig.* 34, sont celles qui ont un centre commun.

Les *figures excentriques*, *fig.* 35, sont celles dont les centres ne sont pas communs.

La *spirale*, *fig.* 28, est celle qui décrit plusieurs révolutions autour de son centre, en s'en éloignant toujours.

ELLIPSES ET FIGURES ELLIPTIQUES.

La *figure elliptique* est une figure composée de lignes courbes tracées au moyen du compas, *fig.* 53, 54, 55.

L'*ellipse*, au contraire, *fig.* 56, est une courbe qui ressemble aux figures elliptiques, mais qui ne peut se décrire avec le compas, et dont les points de passage sont géométriquement déterminés.

La *figure elliptique*, *fig.* 54, a deux axes, un grand *c d* et un petit *a b*, et le point *e* de rencontre de ces deux axes en est le centre commun.

Les opérations à faire pour obtenir les figures elliptiques des *fig.* 54 et 55 étant suffisamment indiquées par les lignes ponctuées, je n'entrerai pas dans de plus grands détails à leur égard.

Pour tracer la *figure elliptique* 55, divisez la longueur du grand axe *u b* en 4 parties 1/3, et, pour fixer les points *g i*, portez une partie de la division du grand axe du point *u* au point *g*, et une du point *b* au point *i*. Du point *g*, avec une ouverture de compas égale à *u g*, décrivez l'arc de cercle *d u c* ; faites-en autant de l'autre côté ; puis du point *u*, toujours avec la même ouverture de compas, décrivez l'arc *c g d* ; faites la même opération pour la partie opposée, et vous aurez fixé les points *c, d, e, f* ; ensuite, du point *c*, avec une ouverture de compas égale à *c e*, décrivez l'arc *e a*, opération que vous répéterez pour les trois points *e, d, f*, et qui vous donnera les points d'intersection *a, p*, desquels points comme centres, vous décrirez les arcs *c e, d f* qui compléteront le tracé de cette figure.

On trace l'*ellipse*, *fig.* 56, au moyen de deux points E, *e*, appelés foyers, et qu'on place sur le grand axe AB à égale distance des points A et B. Pour fixer la distance de ces points, le grand axe AB et le petit axe GI étant connus, du point G ou du point I, avec une ouverture de compas égale à AC ou à CB, vous décrirez un arc qui coupe le grand axe aux points E, *e* ; ces deux points seront les deux foyers auxquels vous fixerez d'une manière quelconque les deux extrémités d'un fil de fer ou d'un cordeau de la longueur entière du grand axe A B, (ce fil ou ce cordeau devant avoir une souplesse susceptible de prendre toutes les formes). Alors, au moyen d'une pointe ou d'un crayon, vous tracerez l'ellipse A I B G en tirant sur ce fil ou cordeau, avec cette pointe ou ce crayon. Les lignes ponctuées représentent les diverses figures du fil ou cordeau lors du passage de la pointe ou du crayon au point *h* ou au point I.

SURFACES.

Moyens géométriques pour avoir la valeur de la superficie ou surface de toutes les figures planes.

Une *surface plane* ou *figure plane* est celle sur laquelle une ligne droite appliquée dans tous les sens se confondra toujours avec cette surface plane.

La *surface* ou *superficie du triangle* est égale à la longueur de sa base multipliée par la moitié de la longueur de sa hauteur. Ainsi, par exemple, si la base contenait 8 mètres et la hauteur 4 mètres, en multipliant 8 par 2, moitié de la hauteur, ce produit donnerait 16 mètres carrés, valeur de la superficie du triangle.

Les superficies du *carré*, du *parallélogramme rectangle* ou *oblique*, sont égales à leur base multipliée par leur hauteur (j'ai dit plus haut quelles étaient les bases et les hauteurs de ces figures).

La superficie du *losange* s'obtient en la divisant en deux triangles qu'on évalue chacun comme il est dit ci-dessus, et dont on ajoute les deux sommes ensemble pour la superficie totale.

La superficie du *trapèze* est égale à sa hauteur, multipliée par la moitié de la somme de ses bases parallèles.

La superficie d'un *polygone régulier*, pl. 1, *fig.* 31, est égale à la somme ou longueur totale de ses côtés multipliée par la moitié de la longueur de la perpendiculaire abaissée du centre de cette figure sur l'un des côtés.

La superficie de l'*ellipse* ou de la *figure elliptique* s'obtient en multipliant la moitié du grand axe par la moitié du petit axe, et en multipliant de nouveau ce produit par 3 et 1/7.

La superficie du *cercle* est égale à sa circonférence multipliée par la moitié du rayon ; mais, pour avoir cette surface, il faut savoir obtenir la longueur d'une circonférence dont le diamètre est connu; à cet effet, on multipliera le diamètre de cette circonférence par 22 et on divisera le produit par 7; le résultat sera la mesure de la circonférence que l'on multipliera à son tour par la moitié du rayon ou demi-diamètre, ce qui donnera la superficie du cercle.

La superficie du *secteur* D, *fig.* 29, s'obtiendra par la multiplication de l'arc qui lui sert de base par la moitié de son *rayon.*

On aura la superficie du *segment* d e f, *fig.* 27, en retranchant la surface du triangle dKf de celle du secteur fK.

PROBLÈMES.

Diviser sans tâtonnements, fig. 36, la droite O P *en un certain nombre de parties égales.*

Du point O, tirez à volonté la ligne ON, sur laquelle vous porterez autant de parties égales que vous voulez avoir de divisions, dix par exemple; vous joindrez alors le point P de la ligne OP avec le point N de la ligne O N, et des points de division marqués sur la ligne O N vous menerez des parallèles obliques à la ligne NP, qui diviseront la ligne O P en dix parties égales.

Partager une ligne droite A B, *fig.* 37, *en deux parties égales,* ou (ce qui se fait par la même opération), *élever une perpendiculaire sur le milieu de cette ligne* des points A et B, avec une ouverture de compas plus grande que la moitié le A B, décrivez des arcs qui se coupent en C et en D, et par ces deux points, faites passer la droite CD, qui coupera la ligne A B en deux parties égales au point E.

Élever une perpendiculaire, fig. 38, *à l'extrémité* F *de la ligne* E F.

Placez une des pointes de votre compas en un point G pris à volonté, mais cependant de manière à ce que vous puissiez, par le point F de la ligne E F, faire passer un arc de cercle EFD qui coupe en même temps la ligne EF en un certain point E. Vous tirerez une ligne droite par les points EG, vous la prolongerez jusqu'à ce qu'elle coupe l'arc de cercle EFD au point D, et vous aurez la droite ED, qui sera la perpendiculaire cherchée.

Autre moyen, *fig.* 39, pour élever la perpendiculaire u s sur l'extrémité de la ligne t u.

Portez sur la ligne t u, à partir du point u, cinq distances égales prises à volonté. Du point u comme centre, avec une ouverture de compas égale à u X ou à quatre divisions, tracez l'arc indéfini X s; et du point R comme centre, avec une ouverture de compas égale à u V ou à cinq divisions, tracez un arc de cercle qui coupe le premier au point s; tirez ensuite la droite u s, qui sera la perpendiculaire à la ligne t u.

Sur l'extrémité N *d'une droite* Nq, *fig.* 40, *élever une perpendiculaire sur cette droite.*

Du point N avec une ouverture de compas à volonté, décrivez l'arc indéfini P O qui coupe Nq en P; du point P, avec la même ouverture de compas, décrivez un arc de cercle qui coupe l'arc Po en O; par les points P, O, tirez la droite indéfinie P R. Ensuite, du point O, toujours avec la même ouverture de compas, décrivez un arc de cercle qui coupe la droite P R en R et tirez MN, qui sera la perpendiculaire cherchée.

La ligne C D *étant donnée, fig.* 41, *faire passer par le point* A *une parallèle à cette ligne.*

Du point A comme centre, et d'une ouverture de compas suffisamment grande, décrivez l'arc indéfini DB; du point D comme centre, opérez de même; faites ensuite DB égal à A C et tirez AB.

La ligne D B *étant donnée, fig.* 42, *faire passer par le point* A *une parallèle à cette ligne.*

Du point A, menez la droite A B qui coupe la droite D B en un point B, prenez le milieu E de la droite A B et par les points DE faites passer une droite que vous prolongerez indéfiniment; vous ferez sur cette droite EC égal à D E et vous tirerez A C, parallèle cherchée.

La ligne A F *étant donnée, fig.* 43, *faire passer par le point* C *une parallèle à cette ligne.*

Du point C comme centre on décrit, en tâtonnant, un arc de cercle B C qui touche la droite A F en un point; d'un autre point H pris sur af, on décrit, avec la même ouverture de compas, l'arc d e; ensuite, on fait passer une ligne droite par le point C et qui en même temps soit tangente à l'arc d e, cette ligne droite sera la parallèle.

Construire une courbe e f, *fig.* 45, *semblable à celle connue* EF, *fig.* 44; en examinant attentivement les opérations, on les comprendra facilement, sans autres détails.

Au point d, *fig.* 47, *de la ligne* d e, *faire un angle égal à l'angle* b a c *de la fig.* 46.

Du sommet a, *fig.* 46, et d'une ouverture de compas prise à volonté, décrivez l'arc I K, terminé aux deux côtés de l'angle; du point d, avec la même ouverture de compas, décrivez l'arc indéfini h g; prenez h x égal à K I et tirez d f, vous aurez l'angle fde égal à l'angle b a c.

Partager l'angle f e g, *fig.* 48, *en deux parties égales.*

Du sommet e et d'une ouverture de compas prise à volonté, décrivez l'arc fdg. Des points f et g, placés sur les côtés de l'angle f e g, décrivez, avec une ouverture de compas arbitraire, les deux arcs o et p qui se coupent en s et tirez la droite e s qui divisera l'angle f e g en deux parties égales.

D'un point C, *fig.* 49, *donné hors de la droite* A B, *abaisser une perpendiculaire sur cette droite.*

Du point C comme centre et d'un rayon suffisamment grand, décrivez un arc qui coupe la ligne A B aux deux points q r et de ces deux points, avec une ouverture de compas plus grande que la moitié de qr, décrivez deux arcs qui se coupent en G et tirez C G, qui sera la perpendiculaire cherchée.

Trouver le centre d'un cercle ou d'un arc donné, ou (ce qui se fait par la même opération) *par trois points donnés, faire passer une circonférence, fig.* 50.

Prenez à volonté sur la circonférence ou sur l'arc trois points A B C; joignez ces trois points par deux lignes droites; au milieu de chacune de ces deux lignes, élevez les perpendiculaires D E, F G (Problème 2). Le point I, rencontre de ces deux perpendiculaires, sera le point de centre cherché du cercle ou de l'arc de cercle.

Par un point donné R, *fig.* 51, *mener une tangente à un cercle donné, dont le rayon est* O R.

Il y a deux cas : 1° Si le point R donné est sur la circonférence, vous tracerez le rayon O R et éleverez (problème 5.) M N perpendiculaire sur l'extrémité R du rayon O R; cette perpendiculaire sera la tangente demandée;

2° (*Fig.* 52.) Si le point A donné auquel on veut mener la tangente est hors du cercle; on joindra le point A et le centre C du cercle donné par la droite A C; on divisera cette dernière ligne en deux parties égales par la perpendiculaire E F élevée sur le milieu O de A C, et du point O, avec une ouverture de compas égale à O C, on décrira une circonférence qui rencontrera la circonférence donnée au point B; on tirera A B, qui sera la tangente cherchée.

DESSIN GÉOMÉTRAL.

Le dessin géométral a pour but de parvenir, au moyen de la règle et du compas, à représenter sur une feuille de papier ou sur une surface plane quelconque qui n'a que deux dimensions, longueur et largeur, les corps qui en ont trois, longueur, largeur, hauteur ou épaisseur.

A cet effet, il faut comprendre le système des projections.

On appelle *projection d'un point* (*fig.* 5, *pl.* 6) sur un plan ou surface plane, l'endroit où la perpendiculaire abaissée de ce point sur le plan rencontre ce plan. Ainsi, par exemple, soit le point O imaginé dans l'espace, et dont on veut avoir la projection sur le plan *a b c d*. Le point P, pied de la perpendiculaire O P abaissée du point O sur le plan, sera la projection du point O, et la perpendiculaire O P, la ligne de projection.

Pour fixer la position d'une ligne droite située dans l'espace, il faut avoir recours à deux plans (*l'un horizontal* et *l'autre vertical* et par cela même perpendiculaire au premier), sur lesquels on décrira les projections de cette ligne; projections qui prendront la dénomination du plan sur lequel elles sont tracées, c'est-à-dire *projections horizontales* et *projections verticales*. Or, comme les limites d'une ligne droite consistent en deux points et que la projection d'une ligne droite est elle-même une ligne droite: pour avoir la projection d'une ligne droite, il suffit d'avoir les projections des deux points qui la limitent.

Il suit de là que, pour avoir la projection horizontale d'une ligne droite, il suffit d'abaisser des deux extrémités de cette droite deux perpendiculaires sur le plan horizontal, et pour avoir sa projection verticale, d'abaisser des deux extrémités de la même droite, deux perpendiculaires sur le plan vertical.

Pour fixer les idées, supposons que le solide ou prisme droit triangulaire E F G, H I K (*fig.* 6, *pl.* 6), soit suspendu dans l'espace et qu'il soit question de reconstruire un prisme semblable à ce dernier, il faudrait pour cela déterminer ses dimensions sur le papier ou sur une surface plane quelconque. Pour déterminer ses dimensions, il faudra, d'après ce que nous avons dit précédemment, obtenir sur deux plans, l'un horizontal, l'autre vertical, les projections des lignes qui limitent les surfaces qui enveloppent ce solide; et, pour se faire une idée de ces deux plans de projections, on pourra facilement se les représenter par une feuille de carton pliée en deux, et dont la surface *fig.* 7 et 7 *bis*, brisée à l'endroit du pli, figurée par la ligne R S, présentera alors deux surfaces distinctes qui, suivant ce qui a été dit plus haut, devront se couper à angles droits, et qu'il sera cependant facile de réunir en une seule et même surface, en rabattant de niveau ladite feuille de carton.

Maintenant, pour obtenir les dimensions du prisme en question, il nous suffira d'avoir, sur les plans représentés par la feuille de carton, les projections horizontales et verticales de ce prisme suspendu dans l'espace et placé de manière à ce que sa base H I K, *fig* 6, soit parallèle au plan horizontal de notre carton, *fig.* 7 et 7 *bis*, que nous supposerons être assez grand pour recevoir les projections du prisme de la *fig.* 6. Puis, de chacun des angles E, F, G, H, I, K, produits par la rencontre des arêtes de cette figure, on abaissera des perpendiculaires sur les plans horizontal et vertical de la feuille de carton *fig.* 7 et 7 *bis*, et ces perpendiculaires donneront les points *a, b, c, e, f, g, h, i, k,* qui détermineront ceux par lesquels devront passer les projections du prisme suspendu.

Maintenant, si l'on rabat le plan vertical du carton au niveau de l'horizontal, on s'apercevra que les perpendiculaires abaissées des points E F G H I K sur le plan horizontal de projection se confondent avec les projections *e h, i f, k g,* du plan vertical, et qu'en conséquence, puisque ces lignes sont les mêmes, on pourrait opérer sur la feuille plane de carton, sans être obligé de la briser d'équerre en R S, méthode adoptée pour tracer les épures.

Lorsque les lignes qui limitent un corps ne sont point dans une situation parallèle à l'un des plans de projection, leurs projections sont plus courtes que leur grandeur véritable; alors, pour avoir leur développement, il faut opérer pour chacune de ces lignes sur un plan auxiliaire. La *fig.* 7 *ter* en indique un exemple; les lignes A, B, *a, b,* étant les projections horizontale et verticale d'une ligne oblique aux plans de projections, et la ligne L M indiquant le pli d'équerre de ce plan de projection, pour avoir la longueur réelle de cette ligne, il faut mener par le point *a* du plan vertical une parallèle indéfinie *e h* à la ligne LM; porter, à partir du point *e* sur cette parallèle, *e h* égale à AB et tirer *b h*, qui sera la longueur réelle de la ligne dont nous connaissions seulement les projections.

FER.

Le *fer* est le métal employé pour la serrurerie.

Le minerai, ou mine, duquel on extrait le fer se fait fondre dans les fourneaux, il est ensuite coulé dans le sable en lingots, auxquels on a donné le nom de gueuses.

On tire des fers de Suède, de Hongrie, de Bohème, de la Sibérie, de la Russie, de l'Espagne, de l'Allemagne, du Piémont, de l'Italie, de l'Angleterre et de la France. Les mines les plus abondantes de France sont celles de la Champagne, de la Lorraine, de la Bourgogne, de la Normandie, du Maine, du Berry, du Nivernais, de la Navarre et du Béarn. Les fers les plus doux sont ceux d'Allemagne et de Suède. Les fers les plus doux de France sont ceux du Berri, de la Lorraine et de Montmirail. Les fers de Normandie, de Champagne et de Bourgogne sont ordinairement aigres.

FERS CLASSÉS D'APRÈS LEURS ÉCHANTILLONS.

ON APPELLE :

Fers marchands, tous les forts échantillons de fer plat, carré et méplat.

Fers à maréchal, ceux qui porte, de 0,025^{mm} à 0,034^{mm} de large.

Fers à martinet, les fers de petits échantillons façonnés au marteau appelé martinet, tels que *bandelettes*, *carillon en barres*, *carillon en bottes*, *fers platinés*, *fers ronds*.

Fers de fenderie, tous les échantillons plus faibles que celui à martinet, tels que *côtes-de-vache*, *fanton* et *verge*.

Fers de filerie, les fils de fer de tous diamètres, qui se distinguent aussi par leur qualité en *fer de roche*, *fer demi-roche* et *fer doux de Berry*.

Fers laminés ou *fers plats* et *fers en lames*, parmi lesquels on classe les tôles de diverses dimensions et épaisseurs.

Fers à sceau ou *fers plats en lames très-minces*, de 0,013 à 0,22^{mm} de large sur 0,0012 dix millièmes d'épaisseur.

Fers marchands ou fers en barre.	*Fers carrés* de 0,020 à 0,023^{mm} de grosseur.
	— de 0,051 à 0,070^{mm} de grosseur.
	Fers méplats de 0,056^{mm} à 0,11 centim. de largeur sur 0,014 à 0,020^{mm} d'épaisseur.
Fers à martinet.	*Bandelettes en bottes*, de 0,013 à 0,034^{mm} de largeur sur 0,004 à 0,007^{mm} d'épaisseur.
	Carillon en barre, de 0,018 à 0,020^{mm} de grosseur.
	— *en bottes*, de 0,009 à 0,016^{mm} de grosseur.
	Fer platiné, petit fer plat qui se vend en barre et qui porte 0,027 à 0,045^{mm} de large sur 0,007 à 0,009^{mm} d'épaisseur.
	Fers ronds pour barreaux de grilles et autres, de 0,929 à 0,045^{mm} de diamètre.
	— — — de 0,018 à 0,027^{mm} de diamètre.
	Fers ronds en bottes pour tiges d'espagnolettes et tringles de rideaux de 0,013 à 0,016^{mm} de diamètre.
Fers de fenderie.	*Côtes de vache*, de 0,016 à 0,022^{mm} de largeur sur 0,011 à 0,016^{mm} d'épaisseur.
	Fantons ou *verges* de 0,007 à 0,013^{mm} de largeur sur 0,007 à 0,009^{mm} d'épaisseur.
Fers laminés, dits fers coulés.	*Fers aplatis en barre*, de 9,054 à 0,061^{mm} de largeur sur 0,009 à 0,020^{mm} d'épaisseur.
	— — de 0,027 à 0,040^{mm} de largeur sur 0,004 à 0,007^{mm} d'épaisseur.
	— *en bottes*, de 0,020 à 0,025^{mm} de largeur sur 0,004 à 0,007^{mm} d'épaisseur.

OUTILS.

Pl. 2. La *fig.* 1 est un *aiguille*. C'est un long fil de fer percé d'un trou rond par un de ses bouts et qui sert à introduire le fil de fer d'une sonnette dans le trou percé dans un mur. La *fig.* 2 est un *archet* ou *arçon de foret*, outil qui sert à faire mouvoir le foret. — La *fig.* 3 est un *bec-de-cane*, espèce de ciseau. — La *fig.* 3 bis est un *bec-de-cane à ferrer*. — La *fig.* 4 est une *bigorne*, espèce d'enclume servant à frapper et dresser le fer. — La *fig.* 5 est un *bigorneau*, c'est une espèce de petite enclume à 2 cornes que l'on met entre les mâchoires de l'étau. — La *fig.* 6 est un *brunissoir*, instrument qui sert à donner du poli au fer. — La *fig.* 7 est un *carreau*, c'est-à-dire une grosse lime qui sert à dégrossir les pièces. — La *fig.* 8 est un *casse-fer*, espèce de tas dont on place la queue dans le trou carré de l'enclume et sur lequel on place le fer qu'on veut casser à froid. — La *fig.* 9 est une *chasse à biseau* dont un des bouts qui se pose sur le fer qu'on travaille est à biseau, et dont l'autre bout est plat et sert à recevoir le coup du marteau. — La *fig.* 10 est une *chasse carré*, il y a aussi des chasses rondes, *fig.* 13. — La *fig.* 11 est un *chasse-pointe* ordinaire. — La *fig.* 12 est un *chasse-pointe à sonnettes*, c'est un instrument qui sert à sonder les murs (soit pierres, soit bois), que l'on veut percer pour la pose des sonnettes. — Les *fig.* 14 et 14 bis sont des *cisailles*, instrument qui sert à couper la tôle et le fer mince. Les *fig.* 15 et 16 sont des *ciseaux à ferrer* ou à bois; ils ne servent qu'à enlever et couper le bois, on se sert de ces outils pour poser les ferrures et les entailler dans le bois.—La *fig.* 17 est un *ciseau à chaud*; il sert à couper le fer rouge; comme à cet usage il se détrempe très-vite, on le met dans l'eau toutes les fois que l'on s'en sert.—La *fig.* 18 est un *ciseau à froid*, il coupe le fer à froid; il faut qu'il soit fait avec de bon acier. — La *fig.* 19 est une *clef à écrous*; cet instrument sert à tourner les écrous.—La *fig.* 20 est une *clef d'écrous et à griffes*; elle a le même usage que la précédente.—La *fig.* III est une *clef anglaise*. C'est une espèce de marteau qui entre dans un tube dont la tête est faite aussi comme un marteau qui serait placé à rebours sur son manche; le premier marteau qui se glisse dans le second se fixe à la demande avec une vis de pression; par ce moyen cette clef sert aux écrous de de toutes grandeurs, tandis que les clefs ordinaires ne peuvent servir qu'aux écrous auxquels on les destine. — La *fig.* 21 est un *clou à tête fraisée*, c'est un clou dont la tête entre dans l'ouverture qu'on lui a préparée dans le fer, ouverture qui a été faite avec la fraise (*fig.* 45 et 46).—La *fig.* 22 est un *clou à tête fraisée ronde.* — Les *fig.* 23 et 26 sont des *cloutières*, c'est-à-dire des plaques de fer percées de trous de plusieurs grosseurs, et qui servent à faire la tête des clous, chevilles et boulons.—La *fig.* 24 est une *cloutière fraisée*, ronde et méplate. — La *fig.* 25 est une *cloutière à main.* — La *fig.* 27 est un *compas d'épaisseur double.*—La *fig.* 28 est un *compas d'épaisseur* pour les forures. —La *fig.* 29 est un *compas d'épaisseur à deux pointes.*—La *fig.* 50 est un *compas à pointes droites.* — La *fig.* 31 est une *conscience* ou plaque d'estomac dans laquelle est entaillée une plaque d'acier sur laquelle sont forés des dés dans lesquels on place la tête du foret quand on fore à l'archet. Cet instrument s'appelle conscience, parce qu'il s'applique sur l'estomac de celui qui perce des trous dans le fer au moyen du foret.—La *fig.* 32 est un *dégorgeoir*. C'est un instrument dont on se sert pour couper le fer à chaud.—La *fig.* 33 est un *écrou à tête carrée.*—La *fig.* 34 est un *écrou à tête ronde et fendue* (l'écrou est un morceau de fer taraudé qui se visse au bout du boulon pour l'empêcher de mouvoir).—La *fig.* 35 est une *enclume*. C'est un instrument entièrement de fer et recouvert d'acier que l'on pose sur un fort morceau de bois appelé billot; c'est sur cet instrument que l'on forge toutes les grosses pièces de fer.—La *fig.* 36 est une *équerre en fer*. Cet instrument sert à placer des fers à angle droit. — La *fig.* 37 est une *équerre à chapeau*, c'est-à-dire à rebords saillants. — La *fig.* 58 est une *étampe à arrondir*. C'est un morceau de fer très-fort sur lequel on fait, soit en relief, soit en creux, des dessins ou ornements qu'on reproduit sur le fer rouge au moyen d'un fort coup de marteau. — La *fig.* 38 *bis* est encore une *étampe*, destinée au même usage. — La *fig.* 39 est un *étau d'établi*. Cet instrument a deux mâchoires qui, au moyen d'une vis, se ferment et s'ouvrent à volonté, et qui retiennent très-solidement tous les ouvrages de fer qui ont besoin d'être travaillés par la lime. — La *fig.* 40 est un *étau à main*, ou tenaille à vis, destiné aux petits ouvrages qu'on a besoin de maintenir à la main. — La *fig.* 41 est une *fausse équerre* ou sauterelle. Cette équerre est à charnière et sert à prendre l'inclinaison de deux lignes, ou autrement dit, à relever les angles. — La *fig.* 42 est une *filière à main*. C'est une plaque d'acier percée de trous taraudés et de diverses grosseurs. Cet instrument sert à faire les vis aux écrous.—La *fig.* 43 est encore une *filière* avec son *taraud* (le taraud est l'instrument qui sert à faire l'écrou; c'est en quelque sorte la matrice de l'écrou.)—La *fig.* 44 est un foret à archet avec la boîte sur laquelle se met le fil de l'archet.—Les *fig.* 45 et 46 sont des *fraises méplates* et *rondes à chaud*, instruments qui servent à faire, sur le fer, la place des têtes de vis, clous, boulons ou clavettes. — Les *fig.* 47 et 47 *bis* sont des *goupillons*, espèce de petits balais destinés à la forge pour jeter de l'eau sur le charbon et sur le fer. — Les *fig.* 48 et 48 *bis* sont des *griffes*; elles servent à cintrer le fer pendant qu'il est chaud.—La *fig.* 49 est une *langue de carpe*, sorte de ciseau servant à entailler le fer.—La *fig.* 50 est une *lime bâtarde.*—La *fig.* 51 est une *lime à refendre.*—La *fig.* 52 est une *lime ronde.*—La *fig.* 53 une *petite machine à forer.* — La *fig.* 54 est une *machine pour forer à l'étau.* — Les *fig.* 55 et 55 *bis* sont des *mèches* servant à percer le bois et le fer.—La *fig.* 56 est une *mèche pour sonnettes*; elle sert à percer un mur pour y introduire le conduit de tirage d'une sonnette; il y en a de plusieurs longueurs et de plusieurs grosseurs. — La *fig.* 57 est un *mandrin carré*. C'est une espèce de poinçon qui sert à percer le fer chaud.—La *fig.* 58 est un *mandrin ovale.*—La *fig.* 59 est un *mandrin plat.*—La *fig.* 60 est un *mandrin rond.*—La *fig.* 61 est un *marteau à bigorner*, c'est-à-dire celui qui sert à forger sur la pointe de la bigorne, pour arrondir les pièces.—La *fig.* 62 est un *marteau de devant*, c'est-à-dire un marteau dont se servent les frappeurs devant l'enclume. — La *fig.* 63 est un *marteau d'étampe* à arrondir.—La *fig.* 64 est un *marteau à main.*—La *fig.* 65 est un *marteau à pannes*, c'est-à-dire un marteau dont le côté opposé à la tête se termine par un biseau parallèle au manche du marteau.—La *fig.* 66 est un *marteau à pleine croix*, c'est un des plus petits marteaux d'établi.—La *fig.* 67 est un *marteau à pointe.*—La *fig.* 68 est un *marteau à rivoir.*—La *fig.* 69 est un *marteau à tête ronde.*—La *fig.* 70 est un *marteau à traverse*, parce qu'il sert à frapper le fer en travers.—La *fig.* 71 est une *mordache en cuivre* et à ressort (on appelle *mordache* un instrument que l'on place sur les mâchoires de l'étau et qui en épouse la forme; il sert à préserver les pièces du contact des mâchoires de l'étau).— La *fig.* 72 est une *mordache en plomb.*—La *fig.* 73 est une *mordache à prisonnier.* — La *fig.* 74 est un *perçoir*. C'est une espèce de cylindre creux sur lequel on place le fer que l'on veut percer.—La *fig.* 75 est une *pince à bec de corbin*. Cet instrument sert à tenir ou à couder un morceau de fer de petite dimension.—La *fig.* 76 est une *pince coupante*; elle sert à couper les fils de fer. —Les *fig.* 77 et 78 sont des *pinces plates et rondes*, qui servent à contourner les fils de fer. — La *fig.* 79 est un *poinçon carré*; cet instrument sert à faire des trous dans le fer en frappant dessus avec le marteau. — La *fig.* 80 est un *poinçon creux*, méplat.—La *fig.* 81 est un *poinçon creux rond.*—La *fig.* 82 est un *poinçon plat.*—Les *fig.* 83 et 83 *bis* sont des *poinçons ronds.*—La *fig.* 84 est un *pointeau*. C'est une espèce de petit poinçon qui s'emploie pour indiquer sur le fer la place d'un trou, etc.—La *fig.* 85 est une *queue de rat* où rape ; elle sert à agrandir les trous déjà percés.—La *fig.* 86 est une *rallonge à douilles* pour les mèches.— La *fig.* 87 est une *servante ;* c'est une espèce d'équerre en fer qui se meut dans deux pitons à œil scellés; elle sert à soutenir le bout d'une grande pièce de fer dont l'autre bout est dans le feu de la forge ou dans l'étau.—La *fig.* 88 est un *petit tas* ou petit cube de fer qui sert pour les rivures.—La *fig.* 89 indique des *tenailles à boulons.*—Les *fig.* 90 et 90 *bis* sont des *tenailles à chanfrein ;* elles servent, en les mettant dans l'étau, à faire des chanfreins.—La *fig.* 91 représente des *tenailles croches.*—La *fig.* 92 des *tenailles droites.* — La *fig.* 95 des *tenailles à fer carré.* — La *fig.* 94, des *tenailles goulues ;* toutes ces tenailles s'emploient pour la forge.—La *fig.* 95 indique des tenailles dites *tricoises ;* elles servent à enlever les clous du bois.—La *fig.* 96 représente des *tenailles à vis* en bois.—La *fig.* 97 est un *tiers-point* (vulgairement tire-point), c'est une lime triangulaire. — La *fig.* 98 est un *tisonnier crochu;* c'est un outil en fer qui sert à attiser la forge.—La *fig.* 99 est un *tisonnier droit.*—Les *fig.* 100 et 100 *bis* sont des *tourne-à-gauche ;* ces instruments servent à dévisser les tarauds. — La *fig.* 101 est un *tourne-à-gauche à sonnettes.* — La *fig.* 102 est un *tournevis emmanché ;* il sert à visser et dévisser les vis. — La *fig.* 103 est une *tranche.* C'est un ciseau qui sert à couper le fer à froid et à chaud. — La *fig.* 104 est un *tranchet*, instrument qui sert au même usage que le précédent.—La *fig.* 105 est un *trépan* ou fût de vilebrequin ; c'est une espèce de mèche à percer le fer.—La *fig.* 106 est un *trépan* pour sonnettes.—Les *fig.* 107 et 108 sont des *vilebrequins* dans lesquels s'emmanchent les trépans. — La *fig.* 109 est une *vrille.* C'est un instrument qui sert à préparer, dans le bois ou la pierre, le trou dans lequel doit entrer une vis.—La *fig.* 110 est une *vrille pour sonnettes.*—La *fig.* 1, *pl.* 2, représente une *machine à fo er* avec ses vis de compression ; on s'en sert pour forer les clefs et autres objets.—La *fig.* 2 est un *soufflet de forge.*

GROS FERS DE BATIMENT.

La seule main-d'œuvre qu'on fasse subir aux gros fers de bâtiment, est de les forger, percer et souder à chaud (on entend par souder à chaud : prendre deux barres de fer, les chauffer fortement toutes deux au même degré, c'est-à-dire leur donner la chaude suante, les placer l'une sur l'autre, sur la table de l'enclume, à l'endroit qu'on veut souder, et les forger ensemble jusqu'à ce qu'elles ne forment qu'un seul et même corps. — La *fig.* 3 représente une *ancre* et *l'œil de son tirant.* Le tirant est une barre de fer plat qui a, à l'une de ses extrémités et souvent aux deux à la fois, un œil pour recevoir une ancre qui est une autre barre de fer, que l'on place dans l'œil de la première ; ces deux morceaux de fer réunis servent à empêcher l'écartement de deux murs ou de deux pièces de bois.—La *fig.* 4 est un *étrier ordinaire ;* c'est une bande de fer plat coudé et contre-coudé ; on l'emploie pour consolider, en sens perpendiculaire, l'assemblage de deux pièces de charpente.—La *fig.* 5 est une *queue-de-carpe à pattes* et à scellement, dont on se sert pour fixer les pans de bois.— La *fig.* 6 est une *queue-de-carpe à deux scellements*, servant à supporter la masse des entablements enmaçonnerie.—La *fig.* 7 est un *étrier à boulons* servant à lier un poinçon avec son entrait.—La *fig.* 8 est le même étrier vu de côté. —La *fig.* 9 est un *tirant à pattes* avec son *ancre en* Y.—La *fig.* 9 *bis* est le tirant vu en plan.—La *fig.* 10 est une *potence;* on l'emploie pour soutenir un balcon, etc.—La *fig.* 11 est un *étrier à plates bandes*, servant à contenir des moises ou autres assemblages à moises.—La *fig.* 12 est une *ancre en* S et talon.— La *fig.* 13 est le *tirant avec son œil*, dans lequel doit entrer cette ancre. — La *fig.* 14 est un *harpon ordinaire* avec crochet d'un bout et talon de l'autre, pour être fixé sur une pièce de charpente. — La *fig.* 15 est un *harpon à pattes et à talon ;* il sert à lier les pièces d'un pan de bois et les plates formes d'un comble. — La *fig.* 16 est un *harpon à scellement coudé.* — La *fig.* 17 est un *harpon à boulon et écrou* d'un côté et à talon de l'autre; on l'emploie sur des sablières de pans de bois, ou pour servir de tirant à un entrait. — La *fig.* 18 est une *potence à scellement et à talon;* on l'emploie à divers usages.—La *fig.* 19 est un *corbeau à scellement d'un bout*, et *talon de l'autre ;* il sert à soutenir des pièces de charpente. — La *fig.* 20 est une *plate-bande;* on s'en sert pour maintenir en sens horizontal l'assemblage de deux pièces de charpente.—La *fig.* 21 est cette même plate-bande vue en plan.—La *fig.* 22 est un *tirant à scellement droit* d'un côté, avec son *œil* de l'autre. La *fig.* 23 est l'*ancre à talon* qui doit entrer dans l'œil du tirant de la *fig.* 22. — La *fig.* 24 est la *queue-de-carpe* pour le scellement de la *fig.* 22 vue en élévation; ce tirant se fixe avec des clous sur solives d'enchevêtrure ou autres pièces de charpente. — La *fig.* 25 est un *chevêtre simple* servant à soutenir des pièces de charpente placées horizontalement. — La *fig.* 26 est un *harpon à scellement droit.* — La *fig.* 27 est une *moufle à agraffes et clavettes*, ou autrement, un assemblage servant à rallonger une barre de fer. — La *fig.* 28 est une *moufle* ou, autrement dit, une *chaîne à moufle en fer carré*, servant à tenir l'écartement de deux murs parallèles. *a*, moufle ; *b*, clefs, coins ou clavettes pour roidir la moufle ou chaîne; C, œil à l'extrémité de la chaîne pour le passage de l'ancre. — La *fig.* 29 est une *chaîne à trait de Jupiter*, en fer plat, destinée au même usage que la chaîne précédente. — La *fig.* 50 est la même chaîne vue en plan. — La *fig.* 31 est une *chaîne à talon* avec ses clefs ou coins et ses liens à clavettes; on l'emploie toujours pour le même but. — La *fig.* 32 est une *chaîne à crochet ;* cette espèce de chaîne offre moins de solidité que les autres. — La *fig.* 53 est une *ancre à volute* et à talon. — La *fig.* 34 est une *bande de fer plat* pour supporter les âtres de cheminée, on l'appelle *bande de trémie.* — La *fig.* 55 est une *plate-bande en équerre* coudée sur le champ et destinée à lier deux pièces de charpente assemblées en retour d'équerre. — La *fig.* 36 est un *chevêtre en fer carré* ou *bande de trémie* avec ses barres; il sert aussi à recevoir des abouts de solives placées horizontalement. — La *fig.* 37 est une *ancre à double croissant.* — La *fig.* 58 est un *étrier double*, portant deux lambourdes pour un plancher; *a*, lambourdes; *b*, poutre. — La *fig.* 59 est une *équerre à scellement* pour supporter une pièce de bois placée horizontalement. — La *fig.* 40 est une *barre de languette cintrée* servant à soutenir un arc en briques au-dessus d'un manteau de cheminée. —La *fig.* 41 est une *barre de fer carrée* que l'on place entre les jambages et le tuyau de cheminée pour le soutenir; on nomme cette barre de fer *manteau*. — La *fig.* 42 est une *potence à tourillons ;* B sont les tourillons. — La *fig.* 43 est une des deux *queues-de-carpe* avec *bourdonnière* qui reçoivent les tourillons placés en haut et en bas de la potence de la *fig.* 42; A est la bourdonnière de la queue-de-carpe. — La *fig.* 8 (*pl.* 4) est un *boulon d'écartement* à tête ronde, avec scellement en S, pour prévenir l'écartement d'un escalier. — La *fig.* 4 est un *boulon* avec sa *rondelle* et son *écrou* 5, employé pour la charpente.

ARTICLES DE QUINCAILLERIE.

Les planches 4, 5 et 6 renferment une partie des articles de quincaillerie qui se trouvent tout faits dans le commerce; ce sont :

Planche 4, *fig.* 1, *un anneau de lacet* pour mangeoire.—*Fig.* 2, *agrafe de volet* pour la fermeture des volets.—*Fig.* 3, *contre-panneton* de volet, servant aussi à la fermeture des volets (voir *pl.* 8).—*Fig.* 9, *un bouton à botte d'horloge* avec sa rosette et sa bascule. — Les *fig.* 26 et 27 (*pl.* 5) ainsi que la *fig.* 10 (*pl.* 4) sont aussi des *boutons* pour devant de cheminée, portes de petites armoires, etc. — La *fig.* 11, 21, 22, sont des *boutons ronds à écrou* pour tirer les portes.— La *fig.* 12 est un *bouton en forme de cul-de-lampe* pour le même usage.—La *fig.* 20 est un *bouton double* pour serrure ou bec-de-cane.— Les *fig.* 13 et 15 sont des *rosettes*, petites plaques de tôle ou de cuivre qui se placent devant le trou qui donne passage à la tige du bouton du bec-de-cane. — La *fig.* 14 est une *rosette évidée*. — La *fig.* 17 est une *broche marchande*. — La *fig.* 16 est une *broche à tête ronde*. —La *fig.* 6 est une *charnière à branche*. La charnière sert à la ferrure des portes d'appartements, d'armoires, etc.; elle est formée de deux pièces jointes par une broche. — La *fig.* 18 est une *charnière carrée.*—La *fig.* 19 est une *charnière à pans*. — La *fig.* 7 est une *charnière à un coq* ou à briquet. — La *fig.* 23 est une *charnière à deux coqs*. — La *fig.* 24 est un *crampon à pointes* ou petite gâche recevant le bout du verrou. — La *fig.* 25 est un *crampon à pattes* qui se maintient sur le bois au moyen de vis. — La *fig.* 26 est le même vu de profil. — La *fig.* 29 est un *crampon rond à pointes*.—La *fig.* 27 est une *charnière à un nœud ou à une brisure* élargie au collet. — La *fig.* 28 est une *charnière à deux nœuds* ou à deux brisures élargie au collet. Ces deux dernières charnières servent en général à la ferrure des feuilles de volets de boutique. —La *fig.* 30 est un *croissant double* pour âtre de cheminée servant à recevoir les pelles et pincettes. — La *fig.* 31 est un *croissant double à scellement*. — La *fig.* 43 indique la partie du scellement du croissant double sur laquelle on fixe le croissant avec des vis. — La *fig.* 44 est une *grosse crampe* qui se pose sur des pièces de bois pour enlever de lourds fardeaux. — La *fig.* 42 est un *croissant simple à vase*.—La *fig.* 41 est un *croissant simple à bouton*. — La *fig.* 34 est une *charnière commune*. — La *fig.* 35 est un *couplet commun*. — La *fig.* 32 est un *couplet à pans*. — La *fig.* 36 est un *couplet à broche mobile.*— La *fig.* 53 est un *couplet à deux pointes*.—Les *fig.* 38 et 40 représentent un *crochet plat* et son piton.—La *fig.* 45 est une *équerre simple* de croisée ou de persienne.—La *fig.* 46 est une *équerre double* pour le même usage. — La *fig.* 47 est une *équerre en T double*; ces équerres, à la pose, s'entaillent de leur épaisseur dans les bois (*Voir* les *fig.* 1 et 5, *pl.* 8, ainsi que celles 4 et 7, *pl.* 9). — La *fig.* 57 est une *fiche à broche ou à bouton* pour la ferrure des croisées et des portes. La fiche à broche ou à bouton est une espèce de charnière qui porte deux lames ou ailerons qu'on enfonce obliquement dans le bois des croisées et dans leurs bâtis ou dormants (*Voir* le plan, *fig.* 2, *pl.* 8). Cette lame sert en quelque sorte de tenon qu'on fixe par des broches ou clous introduits dans les trous réservés sur cette lame. La fiche sert à suspendre et à faire mouvoir les feuilles de volets, les vantaux des croisées, des portes et des guichets.— La *fig.* 39 est une *fiche à vase* qui sert aussi à la ferrure des portes et des volets ; cette fiche n'a que deux lames et deux charnons ou nœuds terminés haut et bas par une espèce de petit vase. — La *fig.* 49 *bis* est une *gâche de bec-de-cane*.— La *fig.* 19, *pl.* 6, est une *gâche en tôle* avec goujon à l'intérieur.—La *fig.* 48 est un *loqueteau commun*. Le loqueteau est une sorte de petit loquet composé d'un battant ou tige mouvante en fer plat, monté sur une plaque ou platine et retenu dans son mouvement par un cramponnet; au dessus du battant est un petit ressort à boudin ou roulé en forme de spirale qui force ledit battant à revenir à sa place de repos. — Les *fig.* 50 et 51 sont des *loqueteaux* semblables au précédent; ils sont seulement plus ouvragés, leurs platines étant plus évidées. — Les *fig.* 49 et 58 sont des *loqueteaux coudés* et à *mantonnet ;* dans ces deux modèles, le loqueteau porte son mantonnet, c'est-à-dire un bout formant crochet qui ordinairement se trouve retenu par un étoquiau scellé sur le tableau du haut de la fenêtre; l'étoquiau, dans ce cas, est une petite cheville ou plaque de fer droite, ou coudée (*fig.* 55), destinée à retenir le battant au moyen de son mantonnet Les loqueteaux servent, en général, de fermeture au haut des persiennes, des contrevents, des portes de remises, des châssis vitrés placés à des endroits où la main ne peut atteindre; dans ce cas, on attache à la bascule du battant un cordon qui sert à l'ouvrir. —La *fig.* 52 est un *loquet ordinaire* à bascule pour fermeture de porte pleine, lorsque celles-ci n'ont point de serrure, ou que leurs serrures sont à pêne dormant. — La *fig.* 21 (*pl.* 5) est aussi un *loquet à bascule*. — Les *fig.* 53 et 54 (*pl.* 4) sont des *mantonnets à pointes* et à *pattes,* ou pièces recevant le bout des battants de loquets. — La *fig.* 52 *bis* est un *gond de penture à repos*, à pattes, à vis et écrou pour être posé sur des poteaux. — Les *fig.* 8, 9 et 28 (*pl.* 5) sont des *heurtoirs*, ou marteaux de portes cochères et de portes batardes.—La *fig.* 56 (*pl.* 4) est un *moraillon* ou charnière pour la fermeture d'une porte par un cadenas.—La *fig.* 57 est un *fléau sur platine* avec *support à pattes* servant à la fer-

2

meture des persiennes. — La *fig.* 59 est une *patte à scellement* d'un bout et à *queue d'aronde* de l'autre. La patte, en général, est un morceau de fer peu large et peu épais servant à fixer les bâtis de portes, de croisées, les cloisons, les lambris, les chambranles, les dalles ; elle prend plusieurs formes et plusieurs dénominations suivant l'usage auquel elle est destinée. — La *fig.* 59 *bis* est une *patte droite.* — La *fig.* 60 est une *patte* en T et à scellement. — La *fig.* 61 est une *patte coudée.* — La *fig.* 62 est une *patte à dalles.* — La *fig.* 63 est une *patte à chambranle* coudée avec scellement. — La *fig.* 64 est une *patte droite à chambranle.* — La *fig.* 69 est une *patte droite à scellement* avec talon. — Les *fig.* 11, 12, 22 (*pl.* 5) sont des *poignées d'espagnolettes* plus ou moins ouvragées. — La *fig.* 65 (*pl.* 4) est une *poignée simple.* — La *fig.* 66 est une *poignée tournante sur platine* avec lacets en olives pour volets de boutique, etc. — La *fig.* 2 (*pl.* 5) est une *poignée à loquet de poucier.* Le poucier est le petit morceau de fer plat sur lequel on met le pouce pour ouvrir le loquet. — La *fig.* 3 est la même figure vue de profil. — La *fig.* 70 est une *penture à collet élargi,* avec (*fig.* 71) son gond à scellement et à repos. La penture est une branche de fer plat, percée de plusieurs trous, et dont une des extrémités est repliée en rond pour former l'œil qui reçoit le mamelon du gond ; elle sert à la ferrure des portes, des volets. La penture à collet élargi a le collet plus large que le reste de la branche. — La *fig.* 1 (*pl.* 5) est une *penture à talon,* c'est-à-dire qu'elle a une espèce de crampon coudé d'équerre à son extrémité. — La *fig.* 7 est le *gond* de cette penture. Le gond est un morceau de fer coudé dont la tige est fichée dans un poteau ou scellée dans le jambage d'une porte, et dont le mamelon entre dans l'œil d'une penture. — La *fig.* 67 (*pl.* 4) est un *pivot à équerre,* ou briquet à tête carrée, ayant mortaise ou moufle. — La *fig.* 68 est la partie du même pivot qui porte tenon. — La *fig.* 4 (*pl.* 5) est un *pivot à équerre* et à *col-de-cygne,* portant son tourillon. — La *fig.* 6 est la *crapaudine* dudit tourillon. — La *fig.* 5 est une *crapaudine coudée* et à *patte.* — La *fig.* 8 est une *pommelle double en* T. La pommelle est une espèce de penture qui se pose en hauteur, et qui a deux branches, dont l'une porte un mamelon. Il y en a, du reste, de plusieurs espèces, elles servent à la ferrure des portes, des volets, des persiennes. — La *fig.* 9 est une *pommelle en* S avec son gond à pointe. — La *fig.* 12 est une *pommelle en queue d'aronde* avec son gond à pointe. — La *fig.* 13 est une *pommelle en* T avec son gond à scellement. — La *fig.* 16 est une *pommelle double en* S. — Les *fig.* 19 et 20 (*pl.* 5) sont des *supports à charnières* pleins et évidés avec vis et écrou ; on adapte ces supports à la croisée pour recevoir la poignée des espagnolettes. — Les *fig.* 10, 13, 14, 15, 16, 17, 18 (*pl.* 5) représentent des *targettes* de divers dessins. Les targettes sont de petits verroux montés sur des plaques de cuivre ou de fer, appelées platines. Ces verroux servent à la fermeture des châssis vitrés, placards, portes d'armoires. — Les *fig.* 23, 24, 25 sont des *verroux à ressort* et à *coulisses* pour la fermeture des portes à deux battants ou vantaux. — La *fig.* 17 (*pl.* 6) est un *tourniquet simple* servant à tenir des contrevents ouverts. — La *fig.* 18 est un *tourniquet double* servant au même usage. — La *fig.* 10 est une *vis à tête ronde.* — La *fig.* 11 est aussi une *vis à tête ronde,* mais filetée ou taraudée jusqu'au collet. — La *fig.* 14 est une *vis à tête plate* ou tête fraisée, filetée jusqu'au collet. — La *fig.* 13 est une semblable vis, mais filetée à moitié. — La *fig.* 20 est une *vis à parquet de glace.* Le reste des figures de cette planche contient plusieurs modèles d'objets en fonte avec quelques détails de construction. — La *fig.* 21 est une *console en fonte* supportant lanterne à gaz avec queue-de-carpe pour scellement. — La *fig.* 22 est une *colonne en fonte* supportant aussi une lanterne à gaz. — Les *fig.* 23 et 26 représentent un *pilastre en fonte* construit en trois parties assemblées au moyen de boulons et écroux, ainsi, du reste, que l'indique la coupe (*fig.* 27). — La *fig.* 23 est un *médaillon en fonte.* — La *fig.* 28 est une *antéphise* ou couronnement en fonte. — La *fig.* 29 en indique la coupe et son scellement. — La *fig.* 30 est une *aiguille en fonte.* — La *fig.* 31 est un *balcon en fonte.* — La *fig.* 32 est aussi un modèle de balcon en fonte.

Les *fig.* 1, 2, 3, 4 (*pl.* 5) sont des *balcons* construits avec châssis ou cadres en fer et ornements en fonte ajustés dans les barres des châssis au moyen de petits tenons, maintenus par de petites chevilles ou goupilles en fer dans de petites mortaises pratiquées dans lesdites barres ; souvent ces petits tenons tiennent aux barres, et sont ce qu'on appelle des *prisonniers* ou tiges de fer contenues dans un trou maté, c'est-à-dire des tiges de fer resserrées sur le matoir et refoulées avec le marteau dans les trous pratiqués sur les barres de fer auxquelles on les adapte, alors ces tenons n'existent pas sur les ornements en fonte qui, à leur tour, sont maintenus sur ces prisonniers par une goupille ou une vis.

La planche 7 renferme des exemples de *grilles de croisées.* — La *fig.* 1 est une grille construite avec des *barreaux* carrés *d,* qui s'emmanchent dans deux *traverses a,* placées haut et bas ; ces barreaux ont à chaque extrémité un tenon carré, d'une épaisseur moindre que la leur et d'une hauteur suffisante pour recevoir leurs bases et couronnements, car c'est dans ce tenon que s'ajustent, au moyen d'une goupille ou d'une vis, les embases et ornements qui couronnent et terminent lesdits barreaux. Les tenons de ces barreaux entrent dans de petites mortaises pratiquées dans les barres transversales et y sont fixés par de petites chevilles en fer que l'on y rive. Les détails l'indiquent, du reste, d'une manière complète. — Les *fig.* 2 et 3 s'ajustent, de même ; seulement les barreaux de ces grilles sont circulaires. — La *fig.* 4 a de plus que les autres une barre transversale de milieu *b,* dans laquelle les barreaux carrés *c* entrent de toute leur épaisseur ; cette barre *b* est construite en conséquence, car son plan, qui est représenté par la *fig. b bis,* indique qu'on a pratiqué des trous renflés dans cette traverse, trous qu'on perce ordinairement à chaud au moyen de poinçons de plus en plus forts, en arrondissant en même temps sur ses côtés le renflement qui s'y manifeste ; on se sert aussi de la tranche pour cette même opération. Une remarque, qu'il ne faut pas oublier de faire, c'est qu'en perçant une suite de trous renflés sur une traverse, cela diminue sa longueur et change par conséquent les mesures qu'on aurait pu lui donner ; c'est pourquoi on emploie aussi aujourd'hui un autre moyen qui consiste (en forgeant) à ménager des renflements sur cette traverse et à percer ensuite au foret les trous de ces renflements.

La planche 8 contient la *ferrure d'une croisée, celle de volets de croisée* et celle *d'une persienne.*—La *fig.* 1 indique la ferrure d'une croisée et celle d'un volet de droite.—La *fig.* 2 est le plan d'une croisée et de ses deux volets; dans cette figure, le volet de gauche est développé sur la croisée; et celui de droite est replié.—La *fig.* 3 indique la ferrure du volet de gauche. —La *fig.* 4 est une espagnolette de croisée; cette pièce sert à la fermeture des croisées et de leurs volets; *a,* sont les gâches du haut et du bas de cette espagnolette avec goujon à l'intérieur dans lequel s'agrafent les crochets *b. c,* sont les lacets à vis et à écroux dans lesquels tourne le corps de l'espagnolette que l'on fait mouvoir au moyen de la poignée *f,* car en poussant ou en tirant cette poignée, on agrafe ou on désagrafe les crochets; ces lacets se fixent sur le montant intérieur de droite des croisées; *d* sont les écroux de ces lacets à vis; *e* sont les pannetons qui tiennent au corps de l'espagnolette et qui, en s'accrochant dans les agrafes de volets et en appuyant sur les contre-pannetons desdits volets, servent à les tenir fermés. L'espagnolette se livre, dans le commerce, en trois parties que le serrurier soude à la demande de la croisée à laquelle doit être attachée cette espagnolette.—Les *fig.* 5 et 6 indiquent la ferrure d'une persienne.—La *fig.* 7 est le plan de cette persienne.—La *fig.* 8 est un loqueteau à pompe et qui sert de fermeture à la persienne de la *fig.* 5; cette espèce de loqueteau est presque toujours employée aujourd'hui. Je ne donne pas, pour cette planche, la dénomination de chacun des articles de serrurerie qui y sont indiqués et qui concourent à la fermeture des croisées, volets et persiennes, puisqu'en comparant ces objets avec ceux des articles de quincaillerie indiqués sur les *pl.* 4, 5 et 6; on les reconnaîtra très-facilement.

La planche 9 indique (*fig.* 1 et 7) la *ferrure complète d'une porte cochère avec guichet.*—La *fig.* 2 est un *pivot à équerre* qui porte un *tourillon* a et un *congé* b; ce pivot se place sur le haut du vantail de la porte cochère et y est retenu par des *clavettes goupillées* (*fig.* 4).—La *fig.* 3 est un même *pivot,* mais qui se place en bas du même vantail.—La *fig.* 12 est la crapaudine de ce pivot sur lequel se meut le vantail.—La *fig.* 5 est composée de deux pièces dont l'une, F, est un *tourillon de porte cochère* et qui sert aussi pour la ferrure du haut et du bas d'un vantail, et l'autre g, qui est la *bourdonnière* dans laquelle se meut le tourillon.—La *fig.* 11 est une *grosse fiche à chapelet,* qui s'emploie pour les guichets de porte cochère.—La *fig.* 6 est une *fiche à gond.*—La fermeture de la *fig.* 7 est complétée par une *espagnolette.* Les espagnolettes de portes cochères diffèrent peu de celles des croisées : leurs tiges et leurs poignées sont plus fortes, et au lieu d'un crochet par le bas, la tige ou tringle est en deux parties, une à crochet par le haut et l'autre formant verrou par le bas, avec un bouton tourné qui sert de poignée pour le faire mouvoir de haut en bas. Le haut de ce verrou se meut dans une embase *n,* et par conséquent n'est pas apparent lorsqu'il est posé ; on le rend roide en mettant un ressort derrière lui.—La *fig.* 13 est la ferrure généralement employée pour une porte charretière ; L est le *fléau,* e le *bouton à écrou du fléau,* d sont les *gâches à pattes et à vis,* a est la *tige,* b le *moraillon,* c la *serrure à bosse,* H est le *verrou,* K les *coulisseaux du verrou,* m la *patte de l'anneau du verrou.* —La *fig.* 14 est une gâche à patte et à vis.

La *fig.* 8 est la partie de milieu d'une espagnolette dont j'ai donné le détail dans la planche précédente.—La *fig.* 9 est un des crochets de l'espagnolette vu sur le plat.—La *fig.* 10 est un support évidé de poignée d'espagnolette avec sa vis et son écrou.—La *fig.* 16 est un *châssis à tabatière en fonte.*—La *fig.* 15 en est la coupe ou profil.

POSE DES SONNETTES.

Les planches 10, 11, 12 et 13 contiennent les dessins consacrés à la description de la pose des sonnettes et des cordons de portes cochères et grilles. Pour poser les sonnettes, on emploie des *mouvements de sonnette,* des *fils de fer* et de *cuivre,* des *branches de bascule,* des *tubes ou tuyaux de fer-blanc,* des *ressorts de rappel,* des *ressorts à bascule,* des *pointes d'arrêt, des pointes pour recevoir les mouvements,* etc.—Le *mouvement de sonnette* (*pl.* 10, *fig.* 4) se compose de deux branches de ferou de cuivre presque d'équerre et qui ne forment qu'une seule et même pièce qui se meut sur un axe indiqué par le centre du carré de cette figure; ce mouvement porte à l'extrémité de chacune de ses branches un œil dans lequel on place un fil de fer ou de cuivre, de telle sorte qu'en tirant le fil de A en B, l'œil C se meut de C en A. Pour diminuer ou augmenter la distance que parcourt le mouvement, il faut raccourcir ou allonger les branches du mouvement. Les mouvements se montent sur des tiges à pointes en fer forgé, portant à leur extrémité ou sur leurs côtés un petit étoquiau rond épaulé sur la tige, un peu plus épais que le mouvement, afin d'y faire une contre-rivure un peu concave et d'éviter, en frappant dessus pour faire entrer la branche ou tige, de trop serrer le mouvement. Il y a trois espèces de modèles dans les mouvements : le *petit modèle, fig.* 3 ; le *modèle moyen, fig.* 4, et le *grand modèle au mouvement barré, fig.* 5.—La *fig.* 6 est une *pointe disposée pour recevoir un mouvement de tirage sur le bout.*—La *fig.* 9 est une pointe disposée pour recevoir un *mouvement de tirage sur le côté.*—Les *fig.* 7 et 8 indiquent la plaque de contre-rivure dont j'ai parlé plus haut.—La *fig.* 1 est un *mouvement de tirage à gauche.*—La *fig.* 2 est un *mouvement de tirage à droite;* ces deux mouvements ont la branche du côté du tirage ouverte d'une division de plus que l'autre, ainsi que, du reste, l'indiquent les figures.—La *fig.* 10 est un mouvement à une seule branche; on lui donne le nom de *sauterelle* ou *aile de mouche.*—La *fig.* 11 est une *pointe d'arrêt à patte;* cette pointe sert à limiter la course d'un mouvement; elle est faite en fer non recuit, et la patte sert à poser cette pointe sur le bois mince.—La *fig.* 18 est aussi une pointe d'arrêt, mais cette dernière est droite et à une pointe faite à la lime, elle se pose sur les murs en général.—La *fig.* 12 est un *mouvement fermé,* dit en V.—La *fig.* 13 est une *tige à pointe pour un mouvement double placé sur le côté;* pour placer les mouvements sur cette pointe, on commence par mettre le premier mouvement sur l'étoquiau, puis on y place le petit cylindre 13 *bis,* on introduit par-dessus ce cylindre le second mouvement et l'on met l plaque de contre-rivure.—La *fig.* 14 est une *tige ronde* sur laquelle se montent les branches de bascule ;. cette tige est plus ou moins longue suivant la place qu'elle doit occuper ; elle sert à changer la direction des fils.— La *fig.* 15 est une *branche de bascule droite.*—La *fig.* 16 est une *branche de bascule de tirage.*—La *fig.* 17 est un *mouvement en T* ou à tourniquet. — La *fig.* 19 est un *mouvement en fer forgé* pour la pose des cordons de portes cochères.—La *fig.* 20 est un . *mouvement en cuivre fondu* pour le même usage.— La *fig.* 21 est un *support à pointe* sur le *côté* pour le même usage. — La *fig.* 22 est un *support à pointe sur le bout.* — La *fig.* 23 est un *support à pointe en queue d'aronde,* que l'on place dans un trou disposé de même et que l'on serre dans ce trou avec des coins en bois ; on a donné cette forme à ce support, afin d'éviter l'inconvénient qu'ont ceux à pointes, de les frapper à coup de marteau pour les enfoncer, ce qui serre la contre-rivure et empêche le mouvement de tourner.—Les *fig.* 24 et 25 indiquent la *contre-rivure* de ces supports.—La *fig.* 26 est un *collier à pointe portant un talon,* sur lequel on frappe pour faire entrer ce collier dans les murs.—La *fig.* 27 est un *conduit à doubles pointes.*—La *fig.* 30 est aussi un conduit, mais d'une plus petite dimension que le précédent; ces conduits se placent de distance en distance pour soutenir les fils de grande longueur. — Les *fig.* 28 et 29 sont des *mandrins de forme ovale* qui servent à les faire.— La *fig.* 31 indique la manière d'attacher le fil à l'œil du mouvement ; il faut passer le fil dans l'œil du mouvement, le ployer à environ 3 centimètres de distance de son bout et lui réserver une espèce d'œil en tournant le bout de ce fil autour de lui-même ; cette opération s'appelle *ligature* ou *attache du fil.*—La *fig.* 32 est une *ligature simple.*—Les *fig.* 33 et 34 indiquent une *ligature de rallonge,* composée de deux ligatures simples passées l'une dans l'autre. Cette ligature sert à raccommoder le fil d'une sonnette lorsqu'il est cassé. Quand il y a plusieurs cordons de tirage qui doivent faire mouvoir une sonnette, il faut mettre au fil de chaque cordon une *maille* ou *boucle de jonction;* sans cela, en tirant un des cordons, les autres feraient tous le même mouvement. Il y a plusieurs espèces de mailles, j'en indiquerai deux seulement.—La *fig.* 35 est une *maille* vue en élévation ou de profil, et qui se compose d'une boucle de jonction *a,* sur laquelle le fil de la sonnette vient s'attacher en *a,* et de deux boucles simples *b, b,* dont le fil du ressort de rappel est pris en *b,* au-dessus de la ligature.—La *fig.* 36 est la même maille vue en plan ou à vol d'oiseau.—La *fig.* 40 est composée d'une *boucle de jonction* vue en élévation, dont la ligature, avec le fil *c* de la sonnette, parcourt toute la longueur, et de deux autres *boucles d, d,* auxquelles sont attachés les fils des ressorts de rappel.—La *fig.* 41 est la même maille vue en plan ou à vol d'oiseau. Les *ressorts de rappel* servent à ramener les mouvements et les fils à la place qu'ils occupaient avant d'être mus. Ces ressorts se font en élastique de cuivre *(fig.* 38). — La *fig.* 37 est le *clou* qui sert à les fixer sur le mur. — La *fig.* 48 est un *ressort de rappel à boudin ;* ces ressorts se font avec des lames d'acier et conservent mieux leur roideur que les ressorts élastiques ; néanmoins, ils ne s'emploient guère que dans les endroits peu visibles.— La *fig.* 43 est un *ressort à bascule* sur lequel se montent les sonnettes. La *branche de bascule, fig.* 42, se fixe sur la branche inférieure F du ressort. — La *fig.* 44 est ce même ressort vu de face.—La sonnette 45 se fixe avec la goupille 46 au bas de la branche de bascule 42.— La *fig.* 39 indique la branche sur laquelle se montent les ressorts à bascule et à boudin.—La *fig.* 47 est une sonnette d'une autre forme que celle 45.— Les *fig.* 49, 51, 53, sont des cordons de tirage.— La *fig.* 49 est un cordon de tirage à coulisseau en cuivre monté sur platine ; P est le conduit en cuivre. — La *fig.* 50 est le même cordon vu de profil. — La *fig.* 51 est un cordon de tirage avec gland. — La *fig.* 53 est un cordon de soie plat avec garniture, et conduits en cuivre. — La *fig.* 52 est le profil de ce cordon.—La *fig.* 54 est un tirage à pompe et à cuvette.—La *fig.* 55 est le même tirage vu de face. Ces espèces de tirage s'emploient lorsque les cordons de sonnettes sont entaillés dans l'épaisseur d'un mur.

DES DIVERS MOUVEMENTS DE TIRAGE.

MANIÈRE DE LES POSER.

La *fig.* 1, *pl.* 11, est un mouvement placé horizontalement pour changer la direction du fil *à angle droit,* ou autrement dit en retour d'équerre sur l'angle saillant d'un mur ; ce mouvement est entaillé de presque tout son développement dans l'épaisseur du mur.—La *figure* placée au-dessous est l'élévation de ce mouvement; c'est-à-dire que la première *figure* est le plan ou la projection horizontale du mouvement, et que la seconde en est l'élévation ou la projection verticale. Ainsi désormais, pour simplifier l'énoncé, nous nous servirons toujours des mots *plan* et *élévation* pour distinguer les deux natures de projection ; du reste, les plans sont faciles à reconnaître par la teinte qui les accompagne presque toujours.

La *fig.* 2 est un mouvement placé horizontalement (mais qui pourrait aussi l'être verticalement au besoin) pour changer la direction du fil en retour d'équerre sur un angle droit saillant : ce mouvement est à fils croisés. Les branches de ce mouvement doivent être coudées comme l'indique la *figure,* pour éviter que les fils ne s'accrochent en passant l'un sur l'autre.

La *fig.* 3 est un mouvement monté à pointe sur le bout, et placé verticalement pour changer la direction du fil d'horizontale en verticale. Ce mouvement est encore à fils croisés, et par cela même il a aussi ses branches coudées.

La *fig.* 4 est un mouvement monté à pointe sur le côté, et placé horizontalement pour changer la direction du fil en retour d'équerre rentrant, dans un angle droit rentrant.

La *fig.* 5 est un mouvement en V, placé horizontalement sur pointe, pour angle interne de pan coupé. Pour obtenir la longueur et l'écartement des branches de ce mouvement, il faut : 1° prendre la mesure de l'angle formé par le pan coupé, au moyen d'un fil de fer à sonnette placé sur cet angle, et auquel on donnera l'inclinaison dudit angle; ensuite, à partir du sommet de cet angle, couper chaque branche de fil à la longueur d'une branche de mouvement ordinaire; puis placer, *fig.* 5 *bis*, ce fil *a b c*, ainsi coudé, sur une équerre ; prendre, de plus, la distance *d b*, que l'on portera du point *f*, centre de l'œil, au point *e;* la distance *f e* est celle que l'on doit retrancher de l'ouverture du mouvement à placer, et la distance *e o* est celle qu'il faut donner à la ligne de centre des yeux dudit mouvement.

Maintenant, pour obtenir la longueur des branches, il faut : 2° tracer sur une planche, *fig.* 5, l'inclinaison *g o e* de l'angle interne du pan coupé, et, comme le côté du tirage se trouve en *g*, faire, du côté de la sonnette, H K égal à *o e* de la *fig.* 5 *bis*, puis *g* H égal à *o f* de la *fig.* 5 *bis*, et au milieu des lignes *g* H, H K, élever deux perpendiculaires qui se couperont en *m*, point de centre du mouvement, en tirant ensuite les droites *m* H, *m* K, on aura la longueur des branches cherchée.—Ainsi, en principe général, c'est l'ouverture de l'angle qui règle l'écartement des yeux et la longueur des branches du mouvement à placer contre cet angle.

La *fig.* 6 est un mouvement de longueur de branches ordinaires posé horizontalement, fermé en V, et dont la ligne des yeux est placée non parallèlement à l'un des côtés de l'angle, c'est-à-dire un peu inclinée, afin que ce mouvement puisse parcourir la même distance que les mouvements ordinaires non fermés. L'écartement des yeux s'obtient toujours par le même procédé que précédemment : c'est-à-dire qu'après avoir relevé, *fig.* 5 *bis*, l'angle *p q c* et l'avoir placé sur l'équerre, comme l'indique la figure, on prendra la distance *d q* que l'on portera de *o* en *e;* cette distance *o e* sera celle à retrancher du mouvement, et la distance *e f* celle de l'écartement des yeux du mouvement de la *fig.* 6.

La *fig.* 7 est un mouvement à fils croisés, placé horizontalement, entaillé dans le mur de tout son développement, et qui est susceptible de remplacer en sens inverse le mouvement *m* H K, *fig.* 5.

On remarquera que, dans ce mouvement, le fil de la sonnette roulera sur une poulie mobile *n*, à l'instant du tirage.

La *fig.* 8 est un mouvement placé horizontalement pour angle externe de pan coupé. Le moyen d'avoir la longueur des branches et celle de l'écartement des yeux de ce mouvement est le même que celui des *fig.* 5 et 6.

La *fig.* 9 est un mouvement à une seule branche, dit *aile de mouche;* il porte deux yeux pour attacher les fils : on l'emploie avec avantage dans les pans coupés très-ouverts.

La *fig.* 10 présente deux mouvements : l'un, mouvement ordinaire, placé horizontalement et entaillé dans le mur pour changer la direction du fil à angle droit; l'autre, mouvement à une seule branche, dit *sauterelle*, monté sur pointe, la branche éloignée à distance suffisante de la pointe pour communiquer le tirage sur une partie circulaire. *Plus les parties circulaires sont cintrées, plus on doit multiplier les mouvements.*

La *fig.* 11 est un mouvement très-ouvert placé dans un angle aigu interne.

La *fig.* 12 indique des mouvements à une seule branche placés horizontalement et entaillés d'une partie de leur développement dans la concavité d'un mur circulaire. On évite, par ce moyen, la saillie qu'autrement il faudrait donner à ces mouvements. On les fixe soit sur une pointe, comme *x*, soit sur platine, comme *y*, *z*.

La *fig.* 1 (*pl.* 12) représente des mouvements à une seule branche placés horizontalement et entaillés d'une partie de leur développement dans la convexité d'un mur circulaire ; ils se posent, du reste, comme ceux de la *fig.* 12 de la planche précédente.

La *fig.* 2 représente un mouvement placé horizontalement pour angle externe de pan coupé. La manière d'obtenir la longueur des branches et celle de l'écartement des yeux de ce mouvement étant la même que celle des *fig.* 5 et 6 de la planche 11, je ne m'y arrêterai pas; seulement, je ferai observer que ce mouvement est entaillé dans l'épaisseur du mur, qu'il est monté sur une platine avec équerre en tôle portant un étoquiau, sur lequel est fixé le mouvement (comme dans les *fig. y*, *z* de la *fig.* 12, *pl.* 11).

La *fig.* 3 donne l'exemple d'un fil parcourant une partie circulaire, sans mouvement ; à cet effet, on introduit un fil de laiton bien recuit dans un tube circulaire de fer-blanc que l'on attache solidement au mur avec de petits colliers à pointe, puis l'on fixe à chaque extrémité de ce tube une virole en cuivre, le frottement qu'éprouve ce fil sur les viroles étant très-léger, le tirage n'éprouve aucune difficulté.

La *fig.* 4 est un mouvement à col de cygne, entaillé de tout son développement dans le mur, monté sur une équerre en tôle fixée sur la platine par des rivures; la platine s'entaille dans le mur et s'y place avec des vis. Ce mouvement change la direction verticale du fil en horizontale.

La *fig.* 5 est un mouvement horizontal à fils croisés, changeant la direction du fil à angle droit, et ayant une de ses branches de un septième plus longue que celle d'un mouvement ordinaire ; ce mouvement est entaillé de tout son développement dans l'épaisseur du mur. Il est monté sur un étoquiau, tenant à un support, fait d'un morceau de forte tôle coudé en angle droit, et fixé avec deux rivures sur la platine, qui est aussi courbée d'équerre. Il a, en place d'yeux, deux petits boutons rivés sur les branches, l'un dessus, l'autre dessous, afin d'éloigner les fils. La platine est percée de deux boutonnières pour livrer passage aux fils.

La *fig.* 6 est un mouvement horizontal monté sur un support fixé d'équerre à la platine; il sert à changer la direction du fil à angle droit et est entaillé de tout son développement dans le mur. La platine est percée d'une boutonnière de manière à laisser la liberté de développement au mouvement.

La *fig.* 7 est l'élévation de la cuvette à pompe des *fig.* 8 et 9. Elle se compose d'une plaque de cuivre fondu au centre de laquelle est une cuvette demi-sphérique; dans le milieu du fond de cette cuvette est un trou carré avec renfort E pour recevoir la douille A, *fig.* 8, qui doit avoir 0, 09 cent. de long sur 0, 006 millim. de diamètre. Cette douille se monte sur le renfort au moyen d'un pas de vis ; le bout de cette douille, opposé à la cuvette, est fermé par une plaque dans laquelle est un trou carré semblable à celui placé au milieu de la cuvette ; dans ces deux trous passe une tige carrée en fer B, qu'on y ajuste librement. Sur cette tige se pose un bouton en cuivre C, qui sert à la faire mouvoir. Aux quatre angles de la plaque de cuivre fondu se trouvent quatre renforts *d*, dans lesquels on visse de petits scellements en fer pour maintenir la cuvette. Sur l'extrémité de la tige carrée B, opposée à la cuvette, se monte, au moyen d'une vis, la branche de bascule à fourchette et à boutonnière G. (Lorsque la cuvette à pompe est posée sur le tableau à gauche, la vis doit être placée à gauche ; lorsqu'elle est posée sur le tableau à droite, cette vis doit être placée à droite). Dans l'œil de la branche de bascule à fourchette s'emmanche la bascule F, qui roule dans un tube de fer-blanc placé dans le mur, à l'effet de permettre à la bascule toute liberté de mouvement. Ce tube doit être construit de manière à laisser à la bascule au moins 4 millimètres de jeu. Sur le bout de cette bascule se pose un mouvement à une seule branche dans l'œil duquel s'ajuste le fil. Cette bascule sert à changer la direction horizontale du fil en direction verticale. Pour habituer l'élève en serrurerie à lire en quelque sorte sur un plan, une coupe et une élévation, on a supposé, dans les *fig.* 8 et 9, que la coupe indiquée par la *fig.* 9 serait celle d'un plan placé en sens inverse à celui de la *fig.* 8.

La *fig.* 10 est un timbre d'annonce, vu de profil. V est la branche de tirage ; U est le support du timbre ; X est le timbre fixé sur le support, au moyen de deux rondelles en cuir ; Y est le marteau ; Z est la potence.—La *fig.* 11 est le même timbre, vu de face. T est le ressort qui soutient le marteau et sert à amortir son coup. — La *fig.* 12 est la potence, vue de face.

La *fig.* 13 est une bascule de renvoi à doubles fourreaux. On appelle bascule, *des mouvements à une seule branche montés sur des tiges en fer*. La bascule est la tige de fer sur laquelle sont ajustées les branches de bascule ou mouvements. L'exemple que représente la *fig.* 13 fait mouvoir deux cordons de sonnettes différents ; les branches M N sont placées sur la tige en fer, et celles, O P, soudées sur le tube dans lequel roule la tige ; le tube roule lui-même dans deux platines garnies de viroles en cuivre.—La *fig.* 14 indique le mouvement et la platine en élévation du côté M, et la *fig.* 15, le mouvement et la platine en élévation du côté N.

Les *fig.* 1 et 1 *bis* (*pl.* 13) donnent l'exemple d'une bascule de renvoi à fourreau simple ; cette bascule renvoie la direction du fil parallèlement d'un côté à l'autre du mur, sans changer cette direction.—La *fig.* 1 en est le plan horizontal. — La *fig.* 1 *bis*, le plan vertical ou élévation.

La *fig.* 2 est une bascule de renvoi dans la rencontre d'une saillie : cette bascule est placée sur pitons à pointes. — La *fig.* 3 est un exemple de pitons à pointes dans lesquels on place le tourillon de la bascule.

La *fig.* 2 se compose de deux figures : l'une, est le plan horizontal ; l'autre, l'élévation ou plan vertical.

La *fig.* 4 est une sonnette à pompe ; *p* est la platine sur laquelle s'adaptent toutes les pièces de cette pompe ; *r* est une branche de mouvement à fourchette ; cette dernière glisse dans la boutonnière *v* ; *u* est la tige en fer qui s'ajuste au bouton ; *s* est le bout des goupilles ou petits boulons qui maintiennent les pièces ; *t* est la branche du mouvement à l'œil de laquelle est attaché le fil.

La *fig.* 5 est un mouvement à pied de biche *g*, ajusté sur un support coudé, et monté sur une platine avec une pointe d'arrêt *e*. La porte *f*, garnie d'une plaque de tôle coudée, sert de heurtoir : c'est-à-dire qu'en ouvrant et fermant cette porte, on heurte le mouvement *g*, qui fait mouvoir le fil de la sonnette.

La *fig.* 6 est un timbre d'annonce, vu de face ; les timbres ont le son beaucoup plus fort que les sonnettes, et, à cet égard, on les préfère quelquefois aux sonnettes. L'examen seul de la figure en fera facilement comprendre la construction.—La *fig.* 7 est le même timbre, vu de profil.

La *fig.* 8 démontre la manière de poser un cordon de porte cochère. Dans cet exemple, on suppose le guichet de cette porte placé à la droite de celui qui veut entrer, et la loge du concierge placée à sa gauche. La serrure de cette porte est une serrure à pêne dormant, demi-tour, avec queue de tirage ; il y a plusieurs espèces de queues de tirage.—La *fig.* 9 est un demi-tour à queue de tirage à œil, et la *fig.* 10 est un demi-tour à queue de tirage à boutonnière pour les serrures où l'on conserve le bouton de coulisse pour ouvrir le guichet. Pour poser le cordon de cette porte cochère, il faut : 1° à partir de la serrure, tracer l'entaille à faire dans le bois pour le passage des fils, faire ensuite dans la pierre les entailles nécessaires au développement des mouvements, percer un trou de mèche de la grosseur convenable pour pouvoir y introduire la bascule à fourreau, qui doit changer la direction horizontale du fil en celle verticale, et renvoyer le fil à la hauteur nécessaire pour son passage au-dessus de ladite porte cochère. Ces travaux faits, on recouvre avec des plaques de tôle le fil qui passe dans les entailles du bois de la porte, et on enferme dans des tuyaux de fer-blanc ceux qui passent dans les entailles faites dans la pierre ; ces tuyaux sont, à leur tour, recouverts de plâtre.

L'ouverture du guichet et du vantail de la porte cochère, nécessitant que le fil se brise, on est obligé, ainsi que l'indique la *fig.* 8, de parer à cet inconvénient en mettant un bout de chaîne à la place du fil, aux endroits des brisures. La plaque de tôle, qui recouvre le fil à ces endroits, doit pouvoir aussi se briser et s'allonger, en quelque sorte, pour satisfaire à l'espace qui se produit entre les deux arêtes des rives du bois par l'ouverture de la porte ; alors on met à cette place une charnière à coulisse qui coule à boutonnière dans un petit bouton rivé sur la tôle de recouvrement.

Le travail pour la pose des cordons de portes cochères est presque le même que celui pour la pose des sonnettes, seulement, comme il faut mettre une plus grande force pour tirer un cordon de porte cochère que pour tirer celui d'une sonnette, il faut employer, comme nous l'avons indiqué dans les planches précédentes, de très-forts fils de fer et de très-forts mouvements.

La *fig.* 11 est un exemple de pose de cordons de grilles; cette pose est absolument la même que celle des portes cochères, cependant il faut, en les fabriquant, réserver dans les montants et traverses de ces grilles les entailles et rainures nécessaires aux mouvements et passages des fils.

Les *fig.* 12, 13 et 14 contiennent tous les détails de construction du mécanisme du tirage de cette grille. — La *fig.* 13 est le plan des mouvements et de la bascule à fourreau; *e* est la platine sur laquelle est rivée l'équerre *d*, sur laquelle est pratiquée la boutonnière *l*, dans laquelle se meut le goujon *a*, au moyen du mouvement *g*, qui a lui-même une boutonnière qui le fait agir sur le goujon *a*; de telle sorte que, le mouvement *h* étant tiré en *h*, donne, par sa bascule de renvoi, à la branche de bascule *g*, la force d'amener l'agrafe *c* au moyen du goujon *a*.—La *fig.* 12 est l'élévation de la *fig.* 13, et la *fig.* 14 est l'agrafe *c*, vue par-dessus ou en plan.

La planche 14 renferme 8 modèles de balcons de croisée; ces balcons se fabriquent de la même manière que ceux de la planche 5. Les barres de remplissage ainsi que les ornements en fonte s'ajustent toujours à tenons et mortaises dans les barres du cadre ou châssis principal. Les barres montantes s'emmanchent par parties dans celles transversales comme il est indiqué dans les détails de la *fig.* A.—La *fig.* B représente une portion de la fonte de remplissage du balcon B avec les tenons ou goujons qui entrent dans les mortaises préparées dans les barres du cadre principal et du cadre de milieu. Quelquefois ces tenons, au lieu de tenir à la fonte, sont adhérents aux barres.

La planche 15 contient des modèles de grands balcons qui, du reste, se construisent absolument comme ceux des planches 5 et 14.

La planche 16 renferme des modèles de grilles de jardins; ces grilles se construisent en tous points comme celles des balcons et croisées des planches 5, 7 et 14. Les vantaux des portes s'ouvrent au moyen de nœuds massifs qu'on réserve sur les barres montantes en les forgeant; on perce ensuite ces nœuds *b*, *fig.* A, au moyen du foret, puis on les divise en trois charnons en faisant sauter celui du milieu, afin de faire entrer au milieu des deux charnons restants celui de même grandeur qui tient à la queue-de-carpe *d*, scellée dans le mur. L'écartement de ces charnons ou nœuds est maintenu par la broche *h* qui est introduite dans ces dits charnons. Le bas du vantail porte un pivot *f* que reçoit une crapaudine *g* fortement scellée dans le seuil de la porte; ce vantail, en s'ouvrant, tourne sur ce pivot.

Les parties pleines *k* indiquées sur les autres modèles de cette planche ne changent en rien leur construction; seulement, ce sont des plaques de fer mince qui sont fortement rivées ou même boulonnées et écrouées sur les sommiers ou barres transversales du bas de la grille ainsi que sur les barres montantes.

La planche 17 renferme des exemples de grilles de portes cochères, de cours, de passages, etc. Leur construction est absolument la même que celle des modèles de la planche 16. La grille, *fig.* 1, est composée de 5 traverses *d*, un sommier *f*, de deux montants de rive *g*, portant pivot *k* dans le bas avec collier *c*, à scellement en queue-de-carpe B, lesdits colliers C ajustés à tourillons avec les montants des rives *g*, cette grille est fermée au moyen d'une espagnolette représentée par A.

La planche 18 renferme 4 modèles de portes cochères de maisons particulières se construisant par les mêmes procédés que les précédentes.

La planche 19 contient trois exemples de grilles d'entourages de tombeaux. Ces grilles s'exécutent en tous points comme les grilles des planches 5, 7, 14 et 15.

Sur la planche 20 sont indiqués 4 modèles de portes de tombeaux, parmi lesquels deux, A et B, sont simplement construits en forte tôle sur laquelle on a découpé au foret, au ciseau et à la lime, les divers ornements qu'elle renferment. La ferrure de leur fermeture y est faite au moyen de rivures pratiquées sur la tôle.—Sur la planche 21 sont quatre autres modèles de portes pour le même usage que les précédentes; ces portes sont construites moitié en barreaux de fer, moitié en tôle découpée, à l'exception de celle D dont les panneaux du bas sont en fonte, ainsi que les torches renversées qui se trouvent placées dans ceux du haut.

La planche 22 contient encore deux exemples de grandes portes de tombeaux qui s'ajustent comme celles des planches précédentes. — La *fig.* E est une grille qui imite celle du bazar Montesquieu à Paris. Les charnières sont faites au moyen de renflements réservés sur les traverses de cette grille, comme l'indique le plan F et la petite coupe G; les renflements des portes s'appuient sur ceux des parties dormantes et sont maintenus ensemble par des boulons écroués.

La planche 23 donne des exemples de grilles de boucher avec colonnes en fonte et pilastres *idem*. L'ajustement de ces grilles s'exécute toujours d'après les mêmes principes que les précédentes. Dans ces deux exemples, les nœuds ou renflements (pratiqués sur les colonnes et les barres montantes posées contre ces colonnes) ne sont pas apparents sur les dessins de face, parce qu'ils se trouvent placés derrière les barres montantes, et par conséquent cachés par elles. Dans les deux exemples de la *pl.* 24. au contraire, les nœuds ou renflements des deux portes de ces grilles ne tiennent pas aux colonnes et aux barres montantes, mais seulement aux colonnes et aux barres transversales, et, par ce fait, ces nœuds se trouvent apparents sur les dessins de face.

La planche 25 renferme des modèles d'articles en fonte dont on se sert ordinairement pour les têtes, embases, supports des barreaux ou rampes d'escaliers à l'anglaise.

Les planches 26 et 27 offrent plusieurs exemples de ce genre de rampes. Ces rampes s'ajustent de la manière suivante: les barreaux (*pl.* 25, *fig.* 1) sont fixés sur le support au moyen d'un tenon à vis qui se place dans le taraud pratiqué dans le support ou piton, et qui y est retenu par une boule ou pomme de pin ou autre ornement taraudé qui lui sert d'écrou; on fait entrer l'embase et la tête du barreau dans les tenons établis haut et bas sur ce barreau jusqu'à l'épaulement ou la portée faite à cet effet; puis on fixe ce barreau, sur sa plate-bande, c'est-à-dire sur le sommier du haut de la rampe, au moyen du tenon réservé en haut de ce barreau que l'on goupille et que l'on rive sur cette plate-bande (*voir* la *fig.* 1, *pl.* 27, qui indique toutes les pièces démontées d'un barreau).—Les *fig.* 2, 3, 4, indiquent divers modèles de support et les *fig.* 5, 6, 7, 8, divers modèles de chapiteaux ou têtes de barreaux.

Le serrurier doit faire épouser à sa rampe d'escalier tous les contours que le charpentier a donnés au limon de cet escalier; les supports, ou autrement dit pitons, doivent se poser sur le côté extérieur des marches, comme l'indiquent les planches 26 et 27. C'est aussi sur les angles extérieurs des marches que le serrurier doit contourner la plate-bande étampée (ou sommier) qui reçoit les tenons du haut des barreaux. On recouvre ordinairement cette plate-bande d'une main-courante en bois, et l'on fixe par des vis cette main-courante sur la plate-bande. Le premier barreau d'une rampe, placé sur la première marche d'un escalier, se fait ordinairement en forme de balustre, et prend le nom de *pilastre;* on le surmonte d'une boule de cuivre ou d'un tout autre ornement.

La planche 28 renferme une série de clefs dont je vais donner le détail.

Dans une serrure, c'est ordinairement par la clef que commencent les serruriers. Les parties qui composent une clef sont au nombre de cinq ou six (*fig.* 30) : L'*anneau a,* l'*embase e,* la *tige t,* le *panneton p,* le *museau m.* Quelquefois, il y a une sixième partie *b* qu'on nomme *bouton, fig.* 19 et 20, mais cette sixième partie n'existe qu'aux clefs non forées. C'est le panneton qui donne le mouvement aux ressorts, pênes et demi-tours de la serrure.

Pour faire une clef, on prend un bout de *fenton* de plusieurs décimètres de longueur et d'une grosseur proportionnelle à la clef qu'on veut établir; on met un des bouts de ce fenton au feu, on lui donne une chaude suante; on forge d'abord l'anneau en l'aplatissant pour former l'épaulement de l'embase, on étire ensuite la tige, c'est-à-dire on la rend plus mince au moyen du feu et du marteau, puis on forge le panneton. Lorsque la clef est entièrement forgée, on la travaille à la lime et on la fore. Pour forer la clef, il faut avoir soin de la placer bien verticalement sous la vis de pression de la machine à forer, afin que le forage se fasse d'une manière égale et droite. Il faut refendre le panneton pour donner passage aux différentes garnitures que l'on projette de faire entrer dans la serrure. On se sert, à cet effet, du bec-d'âne, du burin, du foret, de la scie à refendre et de la lime.

La *fig.* 1 est une clef à panneton *entaillé pour une bouterolle;* petite cloison circulaire placée sur le palastre ou fond de la serrure, à l'endroit où porte l'extrémité du panneton. La bouterolle entre dans une petite entaille pratiquée au bout du panneton. — La *fig.* 2 est une clef à panneton pour un *rouet* et une *bouterolle;* le rouet est aussi une garniture circulaire qui s'attache au palastre, à la couverture ou à la planche d'une serrure.—La *fig.* 3 est une clef à panneton pour un *rouet.*—La *fig.* 4 est une clef à panneton pour un *rouet à faucillon renversé en dedans.*—La *fig.* 5 est une clef à panneton pour un *rouet à faucillon renversé en dehors.*—La *fig.* 6 est une clef à panneton pour un *rouet foncé.*—La *fig.* 7 est une clef à panneton pour un *rouet à fond de cuve en dedans.*—La *fig.* 8 est une clef à panneton pour un *rouet à bâton rompu.*—La *fig.* 9 est une clef à panneton pour une *pleine croix,* sorte de croix que l'on place sur un rouet qui lui sert de montant.—La *fig.* 10 est une clef à panneton pour une *croix de Lorraine.*—La *fig.* 11 est une clef à panneton pour une *croix renversée en dedans.*—La *fig.* 12 est une clef à panneton pour un *rouet en S.*—La *fig.* 13 est une clef à panneton pour *croix renversée en dehors.*—La *fig.* 14 est une clef à panneton pour un *rouet en Y.*—La *fig.* 15 est une clef à panneton pour une *hasture en dehors,* ou portion de fer en saillie à la tête du pêne d'une serrure.—La *fig.* 16 est une clef à panneton pour un *rouet en N.*—La *fig.* 17 est une clef à panneton pour un *rouet en H.*—La *fig.* 18 est une clef à panneton pour un *rouet en fût de vilebrequin.*—La *fig.* 19 est une clef à panneton pour une *serrure bénarde,* ou serrure sans broche qui s'ouvre des deux côtés.—La *fig.* 20 est une clef à panneton avec une *hayve,* c'est-à-dire avec un filet saillant au museau du panneton, filet qui, dans les clefs à bouton, les empêche de traverser la seconde entrée de la serrure.—La *fig.* 21 est une clef à panneton avec le museau entaillé pour un *râteau,* ou espèce de garniture dans la serrure qui se compose de plusieurs morceaux de tôle placés sur champ et qui passent dans les entailles du museau de la clef.—La *fig.* 22 est une clef à panneton pour une *planche,* ou sorte de garniture qui partage le panneton en deux parties égales, et qui se place ordinairement au milieu de l'espace que contient l'épaisseur de la serrure. — La *fig.* 23 est une clef à panneton pour une *planche avec un pertuis au bout,* ou forte garde de diverses formes que l'on rive aux planches.—La *fig.* 24 est une clef à panneton pour une *planche avec un pertuis au milieu.*—La *fig.* 25 est une clef à panneton pour un rouet *en fût de vilebrequin à queue d'aronde.*—La *fig.* 26 est une clef à panneton pour *deux rouets renversés à contre-sens.*—La *fig.* 27 est une clef à panneton pour une *planche à pertuis et foncée pour une ancre et une croix,* c'est-à-dire garnie d'un foncet ou plaque pour supporter une ancre et une croix.—Les *fig.* 28, 29 et 30, sont des clefs à panneton pour des garnitures très-compliquées et destinées à des serrures de sûreté.

La planche 29 renferme des *gâches* de plusieurs formes, des *crémones* et *serrures.* La *fig.* 1 est une *gâche coulante* pour être scellée dans le plâtre à fleur du tableau.—La *fig.* 2 est une *gâche d'épaisseur en* T pour serrure d'armoire.—La *fig.* 3 est une *gâche d'équerre en fer battu* pour serrure ou bec-de-cane.—La *fig.* 4 est une *gâche à équerre double* pour le même usage. — La *fig.* 5 est une *gâche encloisonnée* pour serrure à tour et demi ou bec-de-cane.—La *fig.* 6 est un *petit bec-de-cane à boucle à platine* pour la fermeture des volets dans les embrasures de croisée.—La *fig.* 7 est une *gâche encloisonnée pour une serrure à quatre pênes,* c'est-à-dire à pêne fourchu avec verrou à coulisse.—La *fig.* 8 est une *gâche à scellement* pour serrure ordinaire.—La *fig.* 9 est un *verrou à la capucine avec poucier à fleur* pour les petites portes.—La *fig.* 10 est le même verrou vu en dedans.—La *fig.* 11 représente l'intérieur d'un *cadenas,* ou petite serrure portative qui s'accroche au moyen de pitons dans lesquels on passe l'anse du cadenas qui, ordinairement, est à charnière d'un côté et percée d'un trou carré de l'autre, dans lequel pénètre le pêne dudit cadenas.—La *fig.* 12 est le même cadenas vu à l'extérieur. — La *fig.* 13 est encore un *cadenas commun,* dit *cadenas d'Allemagne.*—La *fig.* 14 est un *cadenas à charnière* ou de sûreté.—Les *fig.* 15, 16 et 17 représentent une bascule avec sa poignée tournante et ses verroux, le tout monté sur platine; elle sert à la fermeture des portes à placard et des portes d'armoires.—La *fig.* 20 donne les détails d'une espèce d'espagnolette appelée *crémone.*—La *fig.* 21 est la poignée de cette crémone ; c'est elle qui la fait ouvrir ou fermer. Le simple examen de ces figures fait comprendre la construction de cette crémone. —La *fig.* 22 est la *petite gâchette* dans laquelle s'emmanche le crochet du bas, et la *fig.* 23 la *gâche* dans laquelle entre la tige du haut.—La *fig.* 18 est un *bec-de-cane* à un seul *bouton.* On appelle bec-de-cane une petite serrure qui n'a qu'un pêne de demi-tour chanfreiné : cette serrure s'ouvre ordinairement au moyen d'un ou de deux boutons, et n'a point de clef. Ce bec-de-cane est composé d'un fouillot *f* (*le fouillot est une petite pièce de fer qui sert, en tournant, le bouton, à repousser le ressort à boudin appuyé sur le pêne et à ouvrir ce pêne*); d'un pêne et de sa tige *t*; d'un ressort à boudin *r* et de deux picolets *p.* Le picolet est une espèce de petit crampon qui sert à maintenir le pêne.—La *fig.* 19 est le même bec-de-cane vu avec son bouton. —Maintenant, ce qui compose la boîte de ce bec-de-cane, *fig.* 18 et 19, se construit de la manière suivante : on prend un morceau de tôle de deux millimètres d'épaisseur environ; on trace sur cette tôle un parallélogramme de la longueur et de la hauteur qu'on veut donner au bec-de-cane; on ajoute ensuite sur l'un des côtés la profondeur que doit avoir ce bec-de-cane, 36 millimètres environ, plus 10 à 12 millimètres pour la partie qui doit être maintenue par des vis sur l'épaisseur de la porte ; ce qui fait en tout 48 millimètres, que l'on ajoute à l'un des côtés du tracé du premier parallélogramme, et l'on coupe ce morceau de tôle ainsi tracé, on le coude ensuite d'équerre et à chaud dans l'étau, à partir du tracé de la partie ajoutée. Cette première opération terminée, vous avez ce qu'on appelle le *palastre* ou fond de la boîte *m,* et le *rebord n* ou partie coudée d'équerre sur le palastre. On a donc le fond et l'un des côtés de la boîte; reste maintenant à fabriquer les trois autres côtés et le couvercle de ce bec-de-cane; pour cela faire, on calcule le développement nécessaire à ces trois côtés, c'est-à-dire la longueur qu'il faut donner au morceau de fer qui doit servir à construire ces trois côtés, puis on y ajoute encore 4 millimètres, afin de pratiquer, à chaque bout de cette plaque, un assemblage à queue d'aronde dans le rebord *n.* Cette plaque devra avoir 4 à 5 millimètres d'épaisseur et 36 millimètres de largeur ; on la coudera deux fois d'équerre à chaud et toujours sur l'étau; ensuite, on attachera sur chacune de ses faces intérieures un étoquiau de 2 millimètres d'épaisseur environ ; ces étoquiaux devront être fraisés et rivés sur la cloison et sur le palastre avec beaucoup de soins, car ces trois étoquiaux et les deux queues d'aronde fixées dans le rebord sont suffisants pour maintenir solidement au palastre cette plaque *o* à laquelle on donne le nom de *cloison*; quant au couvercle, il n'est que la conséquence des trois autres pièces et se place à fleur de la cloison; on l'y maintient souvent au moyen de petits étoquiaux attachés au palastre et coupés à la hauteur convenable pour le faire affleurer.

La *fig.* 24 représente un *bec-de-cane à deux boutons* ; la couverture de ce bec-de-cane est enlevée, ce qui laisse voir toutes les pièces suivant la place qu'elles occupent dans la boîte ; *a* est le *pêne* mu par les boutons ; *b* est le *fouillot* ou la pièce dans laquelle entre la tige des boutons qui, par l'impulsion de rotation qu'on lui donne, fait mouvoir le fouillot qui, à son tour, agit sur le pêne. — La *fig.* 27 est le fouillot vu sur la face qui s'appuie sur l'intérieur d'une des branches du pêne.—La *fig.* 28 est ce même fouillot tel qu'il est placé dans la boîte ; *d* est le *ressort* qui force le pêne à revenir sur lui-même lorsque le fouillot l'a retiré de sa gâche.—La *fig.* 25 est le pêne tel qu'il est placé dans la boîte. — La *fig.* 26 est ce même *pêne* vu par-dessus ou en plan horizontal.—La *fig.* 29 est la *couverture* du bec-de-cane ; *e* sont deux petits tenons réservés sur cette couverture et qui la maintiennent en pénétrant de toute leur longueur dans le rebord *f* (*fig.* 30) de ce bec-de-cane ; *g* est le trou réservé pour le passage du fouillot.—La *fig.* 30 est la boîte (ou pour mieux dire, ce bec-de-cane) vue en dessus ou en plan horizontal.—La *fig.* 31 est cette même couverture vue sur son épaisseur ou en plan horizontal.—La *fig.* 32 est le *bec-de-cane* vu par derrière, c'est-à-dire du côté du palastre de sa boîte.

Les *fig.* 33, 34, 35 et 36 sont des *gâches encloisonnées,* vues en plan et sur divers côtés, pour becs-de-cane. Toutes les pièces du bec-de-cane, ci-dessus détaillées, sont dessinées dans leurs véritables proportions et avec le plus grand soin; par conséquent, entrer dans d'autres détails serait, je crois, superflu.

La *fig.* 37 est une *serrure à pêne dormant,* ou espèce de verrou mu par la clef et renvoyé par un ressort.—La *fig.* 38 est le plan horizontal de cette serrure.

La planche 30 renferme des serrures de diverses espèces.—La *fig.* 1 est une *serrure à pêne dormant et pêne de demi-tour;* ce dernier est mu par un bouton. Toutes les pièces qui la constituent sont vues, dans cette figure, placées comme elles doivent l'être lorsqu'elles fonctionnent. — La *fig.* 5 est la *couverture* enlevée de cette serrure afin d'en laisser voir toutes les pièces intérieures.—La *fig.* 2 est cette serrure vue sur une face latérale.—La *fig.* 3 est la même serrure vue sur l'autre face latérale.—La *fig.* 4 est la face extérieure de cette serrure, c'est-à-dire celle qui ne s'applique point sur le bois des portes.—La *fig.* 6 est le plan de la serrure, ou la serrure vue à vol d'oiseau.—La *fig.* 7 est la couverture de cette serrure avec l'entrée du canon vue latéralement.—La *fig.* 8 est la boîte dépouillée de presque toutes ses pièces ; O (*fig.* 8) est le *palastre* ou la plaque du fond de la serrure, sur laquelle sont rivés et arrêtés avec des vis une partie de la garniture,

3

les *ressorts*, les *crampons*, la *broche*, la *bouterolle g*. La pièce opposée au palastre (*fig.* 5) est la *couverture de la serrure*. Les trois côtés *m*, qui entourent la serrure, s'appellent *cloisons*; mais le côté *n*, qui est traversé par les pênes, s'appelle *rebord*.—Le palastre se fait avec une plaque de fer battu sur laquelle on réserve ce qu'il faut pour le rebord, qui n'est qu'une portion coudée du palastre. La cloison est à son tour coudée de deux côtés et fixée sur ledit palastre; *k* est le *ressort de rappel du pêne de demi-tour*. Il sera facile de tracer sur le palastre la place de toutes les pièces de cette serrure, car chaque pièce est dessinée avec une grande exactitude. Ainsi, dans la *fig.* 1, après avoir placé le *pêne dormant* B, on pose le *grand ressort d*, auquel tient la *gorge* C. On met ensuite le *pêne a*, mu par le bouton, puis le *fouillot* F, et cette serrure ainsi montée est close par sa couverture (*fig.* 5), dont on introduit les petites saillies *q q* dans des ouvertures préparées à cet effet dans le rebord *n* (*fig.* 8); *h* (*fig.* 5) est l'entrée du canon. L'une des faces latérales du fouillot pénètre la couverture par le trou circulaire *r* (*fig.* 5) qui lui est réservé, et l'autre face pénètre le palastre (*fig.* 8) par un semblable trou *r*. L'on maintient la couverture au moyen d'une vis qui entre dans un taraud pratiqué dans l'étoquiau *s* (*fig.* 8). Le trou *t* (*fig.* 5 et 8) sert à laisser passer le pas de la vis qui maintient la serrure sur le bois de la porte. La *fig.* 9 est le grand ressort dans toutes ses proportions, vu dans le sens dans lequel il est placé sur la *fig.* 1.—La *fig.* 10 est ce même ressort vu en sens inverse, c'est-à-dire sur le côté qui pose sur le palastre; le petit crochet *v* qui s'y remarque est celui qui entre dans les entailles *u, u*, faites sur le pêne dormant B (*fig.* 12). Ce crochet (*fig.* 10) est soulevé par la clef qui, entrée dans la serrure et tournant dans la bouterolle *g* (*fig.* 8) par son ouverture *x* (*fig.* 19 et 20), enlève la gorge *c* du grand ressort et en même temps le crochet *v*, et fait avancer ou reculer le pêne par son mouvement de rotation dans la barbe *z* de ce pêne dormant (*fig.* 12), en même temps qu'elle fait retomber le crochet *v* dans l'une des entailles *u, u*.

La *fig.* 11 est la même figure que celle *fig.* 10; seulement, elle est vue par-dessous afin de donner la largeur de son grand grand ressort *d*, celle de sa gorge *c*; on fixe ce grand ressort dans la serrure (*fig.* 8) au moyen de l'étoquiau Y, dans lequel il entre.

Dans la *fig.* 12, E est une boutonnière dans laquelle entre un bouton ou tige carrée *q* (*fig.* 8). Ce bouton et cette boutonnière servent à maintenir le pêne dormant B et à ne lui laisser que le jeu nécessaire à son mouvement. — La *fig.* 13 est le plan du pêne dormant B (*fig.* 12); ce pêne est vu en dessus avec ses entailles *u, u*.

Les *fig.* 14 et 15 sont l'élévation et le plan du pêne de demi-tour, le premier vu tel qu'il est placé dans la serrure *fig.* 1; le second vu en plan ou à vol d'oiseau.

Les *fig.* 16, 17 et 18 indiquent le fouillot vu : 1° tel qu'il est placé dans la serrure *fig.* 1; 2° dans le sens inverse à celui qui précède; 3° sur son épaisseur.—Les *fig.* 19 et 20 montrent la clef de cette serrure vue sur ses deux faces latérales.—La *fig.* 21 est cette même clef vue par le bout. La tige du bec-de-cane, qui fait mouvoir le pêne de demi-tour au moyen du fouillot, passe dans le trou carré indiqué sur ce fouillot.

La *fig.* 23 est une serrure d'armoire; *e* est le ressort à boudin, *d* est un talon en cuivre faisant les fonctions de gorge de ressort; *c* est le pêne dormant.—La *fig.* 22 est cette même serrure démontée; *a* est un rouet, *e* est le ressort à boudin.— La *fig.* 24 est le derrière de cette serrure; *f* est le fond ou la platine de la broche.—La *fig.* 25 est une des faces latérales de cette serrure.—La *fig.* 26 est l'autre face latérale. Dans ces deux faces, *f* indique la platine de la broche vue latéralement, et *g* la broche vue de même.—La *fig.* 27 est la couverture de cette serrure.—La *fig.* 28 est cette même couverture vue en sens inverse et sur son profil; *b* est la bouterolle attachée sur la couverture.—La *fig.* 29 est le talon tel qu'il est posé dans la serrure.—La *fig.* 30 est ce même talon vu du côté opposé.—La *fig.* 31 est ce talon vu en plan ou à vol d'oiseau.—La *fig.* 32 est le pêne dormant *c*.—La *fig.* 33 est ce même pêne vu en sens inverse.—La *fig.* 34 est encore ce pêne *c* vu en plan ou à vol d'oiseau.—La *fig.* 35 est la clef de cette serrure.—La *fig.* 36 est cette clef vue par le bout; *a* sont les entailles du rouet; *b*, celles de la bouterolle.

La *fig.* 37 est une serrure de meuble. Le pêne marche par le haut au lieu de se mouvoir sur le côté; cette serrure n'a point de couverture, elle n'a qu'une planche.—La *fig.* 38 est cette même serrure dépouillée de toutes ses pièces, moins sa planche.—La *fig.* 39 est le derrière de cette serrure.—La *fig.* 40 en est le profil; on voit le palastre, la planche sur laquelle sont fixés le canon, le rebord et le pêne.—La *fig.* 41 est le rebord de cette serrure vu à vol d'oiseau.—La *fig.* 43 est le pêne de cette serrure avec ses entailles, ses barbes et sa boutonnière.—La *fig.* 44 est ce pêne vu latéralement ou sur le côté des entailles.—La *fig.* 42 est le grand ressort de cette serrure.—La *fig.* 45 est ce grand ressort vu en dessous.

La *fig.* 46 est une serrure de vantaux de porte placés au bas d'un secrétaire ou autre meuble. Cette serrure fait mouvoir deux pênes ou verroux. On doit être maintenant suffisamment habitué à lire sur le dessin pour qu'il ne soit pas nécessaire de décrire plus longuement les pièces de cette serrure; en l'examinant attentivement, on reconnaîtra facilement son mécanisme.

La planche 31 renferme tous les détails d'une serrure dite de sûreté, à pêne dormant et pêne de demi-tour, ce dernier mu par un bouton.— La *fig.* 1 est cette serrure garnie de toutes ses pièces.— La *fig.* 2 est la boîte de cette serrure, de laquelle toutes les pièces sont démontées. — La *fig.* 3 est le derrière de cette serrure. — La *fig.* 4 est la couverture de cette serrure avec le tube et son embase qui contiennent le cylindre dans lequel est renfermé le mécanisme qui sert à faire mouvoir les pênes de cette serrure.—La *fig.* 5 est cette serrure vue sur la face latérale des pênes.—La *fig.* 6 est encore cette serrure vue sur son autre face latérale.—La *fig.* 7 est cette serrure vue en plan ou à vol d'oiseau.

La boîte R contient le cylindre Y. Ce cylindre renferme cinq lames comme celles O K; mais, parmi ces cinq lames, il n'y a que la lame K qui pénètre le cylindre jusques en *i*; les quatre autres sont, de la distance de *d'* à *b'* de la clef L, plus courte que la lame K, et s'arrêtent au fond *s* du cylindre. En voici le motif : c'est que, pour ouvrir cette serrure, il faut, en y faisant entrer la clef, pousser cette clef L avec assez de force pour qu'à son tour elle repousse les lames jusqu'au fond du cylindre afin de permettre à son panneton de pénétrer dans le vide que lui laissent ces lames en s'éloignant. Ces dites lames ont à leur tête, du côté *v* du cylindre, une platine circulaire qui, lorsque les lames sont mues par la pression de la clef, appuie sur un ressort à boudin *u* roulé autour d'une tige ; ce ressort sert à faire revenir les lames à leur point de départ lorsque le panneton de la clef est sorti du tube R. Quand le panneton de la clef L a pénétré au delà de l'épaisseur *v* du cylindre, cette clef a dès lors la liberté de son mouvement de rotation dans ce cylindre, et la lame K, qui était déjà en *i* (niveau du cylindre Y) avant d'être repoussée par la clef, ressort de toute la distance de *d'* à *b'* de la clef L, et vient entrer dans une platine *m* à l'endroit réservé *i* ; cette platine s'emmanche en même temps, et sur les deux montants ou supports de la *fig. n''*, et sur la broche du milieu du cylindre Y, de sorte qu'en tournant la clef, la partie de la lame K qui entre dans la partie *x* de la clef L, tourne avec cette clef; et cette lame, qui est carrée et plus épaisse que les autres lames à partir de l'endroit où elle cesse d'entrer dans la clef, fait (quand elle a pénétré dans le trou carré *i* de la platine *m*) tourner à son tour cette platine qui met en mouvement la *fig. n''*. dans laquelle elle s'ajuste.—La *fig. n* est la face de la *fig. n''* vue du côté des *montants, colonnes* ou *supports*.—La *fig. n'* est la face de la *fig. n''*, du côté opposé aux montants. Cette figure indique l'entrée de la clef, *fig.* 3, parce qu'en effet, la *fig. n''* se plaçant dans la *fig.* 2, du côté de *n'*, à l'endroit *j*, la clef, en pénétrant par ce côté, fait mouvoir, au moyen de son panneton, qui entre dans *n'*, la *fig. n''* dont les montants s'emmanchent dans les barbes du pêne B, et font mouvoir à leur tour ledit pêne. Dans la *fig.* 1, C est une bascule; c'est cette bascule (quand on est en dehors de la porte et que le bouton est ôté) qui sert à ouvrir avec la clef le pêne de demi-tour. H sont le grand ressort vu en dessous et de profil ; F sont le fouillot vu sur la face et de profil ; E sont le pêne de demi-tour vu en dessous et de profil; *g* sont, vu, sur toutes ses faces, le coulisseau dans lequel se meut la branche du pêne de demi-tour.— Les *fig.* C représentent la bascule vue sur une de ses faces et sur une face latérale; C *bis* est la vis qui maintient cette bascule sur le pêne dormant. La figure circulaire *v* est la face du cylindre Y, sur laquelle sont représentées les têtes des lames renfermées dans ce cylindre. R (*fig.* 4) est la face du tube R.— La figure circulaire R est la face du tube R opposée à celle de la *fig.* 4, et qui s'applique sur la couverture même de la *fig.* 4.— La *fig.* 8 est encore une serrure de sûreté dont on comprendra parfaitement toutes les pièces après sérieux examen ; *q* est la coulisse du demi-tour.—La *fig.* 9 est la même serrure vue par derrière.—La *fig.* 10 est la même serrure vue du côté des pênes.

La planche 32 contient (*fig.* 1) un exemple de construction entièrement en fer, c'est-à-dire en fonte et fer ; c'est une espèce d'orangerie ou serre chaude. — La *fig.* 2 indique *en coupe* l'emmanchement d'un compartiment placé au-dessus des colonnes ; ces compartiments s'assemblent avec boulons et écrous. — La *fig.* 3 est l'ajustement *en coupe* d'une portion de bandeau placée au-dessus des petites colonnes avec la console de soutien. L'assemblage de ces pièces se fait par le même procédé que le précédent. — La *fig.* 4 est le plan d'une colonne avec feuillures réservées dans la fonte pour le vitrage.—La *fig. s* est le plan des barres de fer placées entre les colonnes et portant feuillures pour recevoir le vitrage. —La *fig.* 6 est la coupe du comble sur la largeur de cet édifice. — La *fig.* 7 est le détail d'un des cadres placés dans les travées sur la coupe longitudinale de cette serre.

La planche 33 donne un exemple de comble en fer et fonte, le tout maintenu avec boulons et écroux—La *fig.* 1 est la coupe faite sur la largeur de ce comble.—La *fig.* 2 en est le plan horizontal, c'est-à-dire le comble vu à vol d'oiseau.

Dans la coupe (*fig.* 1) faite sur la largeur de la construction, *a* sont des arbalétriers en bois placés sur la partie de fonte *c* et retenus par des saillies en fonte boulonnées, écrouées et ménagées sur les côtés de ces morceaux de fonte.— La *fig.* 3 représente des arbalétriers vus de face avec la saillie de la fonte ; sur ces arbalétriers sont placées les pannes en fer entaillées à fleur des arbalétriers, et sur ces dernières se placent les chevrons. — La *fig.* 4 est un bout de coupe d'un des arcs en fonte; cette coupe est faite sur la longueur du bâtiment, et indique le moyen dont on s'est servi pour prévenir l'écartement des arcs entre eux sur la longueur de l'édifice ; ce sont des barres de fer qui entrent dans les ouvertures *x* de ces arcs, barres dont l'une a d'un côté une forte platine, et dont l'autre a deux œils pour recevoir l'œil de la première, le tout boulonné et écroué.

Les arbalétriers *a* (*fig.* 1) et les chevrons *b* entrent dans des espèces de boîtes en fonte boulonnées et écrouées entre elles et représentées sur leurs faces; *pl.* 34, *fig.* 2, pour les boîtes des arbalétriers; *fig.* 3, pour celle des chevrons.— La *fig.* 4 est le profil ou face latérale de la *fig.* 2.—La planche 34, figure 1, est la coupe longitudinale du comble figure 1, planche 33.

La planche 35 renferme un exemple de fontaine tout en fonte.—La planche 36 contient tous les détails de construction de cette fontaine dont les vasques sont construites par parties de fonte, et assemblées avec boulons et écrous. Il est facile, par l'examen du dessin, de reconnaître comment toutes ces parties sont superposées les unes sur les autres, et qu'en même temps, ces pièces sont montées sur de très-forts supports en fer *s*, scellés dans un massif de maçonnerie et retenus entre eux par des barres transversales. Les chevaux, figures et dauphins, sont rapportés et ajustés en dernier lieu.

La planche 37 contient le plan, l'élévation et la coupe du pont des Saints-Pères, établi en fonte et fer sur la Seine, à Paris. Ce pont, fort élégant, est d'une construction très-solide, assez simple et ingénieuse. On comprendra aisément les principales bases de cette construction en examinant son plan et sa coupe.

La planche 38 renferme une portion d'élévation de ce pont sur une plus grande échelle que la précédente, avec quelques-uns de ses principaux détails. — La *fig.* 2 est la coupe des arcs en fonte.—La *fig.* 3 est un des grands cercles qui s'appuient sur l'arc ; ces cercles (*fig.* 1) sont reliés sur leurs faces par des espèces de pilastres, et ils le sont aussi sur leurs faces latérales par des barres de fer carrées à talon D (*fig.* 3). Les arcs en fonte sont, à leur tour, reliés latéralement par un mécanisme en fonte (*fig.* 4, 6 et 7) dont on reconnaît de suite l'emploi par les pièces *a, a, b, b,* sur le plan de la planche 37.

La *fig.* 4 est ce mécanisme vu à vol d'oiseau.—La *fig.* 6 est la pièce en fonte qui s'ajuste dans la *fig.* 4,—et la *fig.* 7 est la face latérale de ce mécanisme. — La *fig.* 5 est la *fig.* 4 vue de face et démontée de ses pièces.—La *fig.* 12 est la coupe sur AB de la *fig.* 6.—La *fig.* 8 est l'embase scellée dans la construction de pierres, et dans laquelle vient se poser l'extrémité de l'arc en fonte.—La *fig.* 9 est le profil des moulures de cette embase. — La *fig.* 10 est la face de l'embase posée sur la pierre pour recevoir l'extrémité du premier pilastre *c, fig.* 1.—La *fig.* 11 est le profil de cette embase.

La planche 39 est un exemple de passerelle ou pont destiné aux piétons seulement. Ce pont est construit en fil de fer, fonte et fer.—La *fig.* 1 est l'élévation entière du pont.—La *fig.* 2 en est la coupe prise au milieu.

La planche 40 contient une portion du plan et de l'élévation de ce pont et les détails de sa construction.

La *fig.* 1 est une partie de l'élévation. La courbe A, qui est tout en fil de fer, est le principal soutien du pont. — La *fig.* 2 est une partie du plan de ce pont.—La *fig.* 3 est le garde-fou ou galerie en fonte placée de chaque côté du pont. Cette galerie s'ajuste par travées dans des pilastres dont la *fig.* 4 indique une des faces latérales avec rainures et entailles nécessaires à l'ajustement de la *fig.* 3, et dont la *fig.* 5 indique la face.

La *fig.* 6 est le plan du dessus de ce pilastre avec l'emmanchement des plates-bandes ou mains-courantes à tenons vissés.

La *fig.* 7 est le collier avec ses pattes qui se pose sur l'arc en fil de fer et dans les pattes duquel entre l'œil 11 de la tringle en fer *t* (*fig.* 1) qui soutient, au moyen d'une vis et d'un écrou, le cylindre *c*. — La *fig.* 8 est la vis et l'écrou de ce collier.—La *fig.* 9 est ce collier vu de profil.—La *fig.* 10 est la face latérale de la *fig.* 11.—Les *fig.* 12 et 13 sont des espèces de viroles ou coussinets dans lesquels passe le cylindre *c*. Sur chacun de ces coussinets se place un pilastre de la galerie. — La *fig.* 15 est le profil ou face latérale d'un des cylindres *c* avec les deux tringles, l'une soutenant ce cylindre lui-même, l'autre servant à maintenir le pilastre de la galerie sur ce cylindre.—La *fig.* 14 est la face de ce cylindre.

FIN DU TRAITÉ.

PARIS.—IMPRIMERIE DE COSSE ET J. DUMAINE,
Rue Christine, 2.

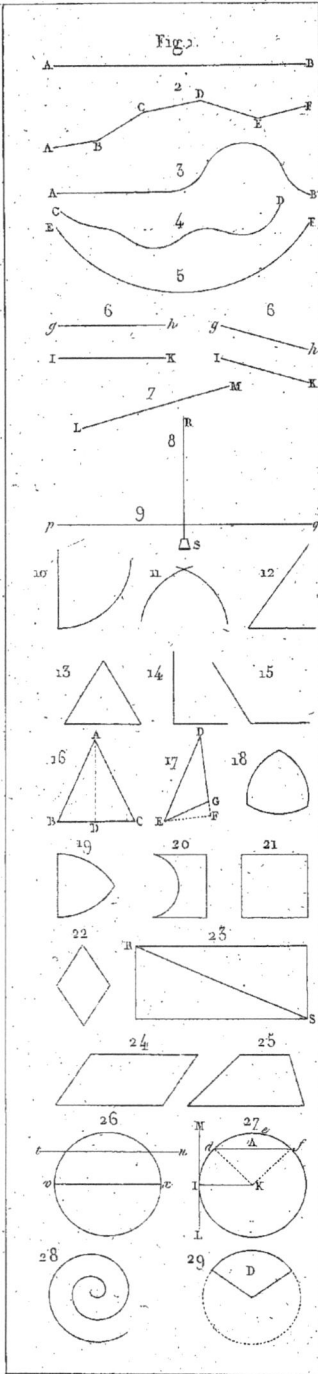

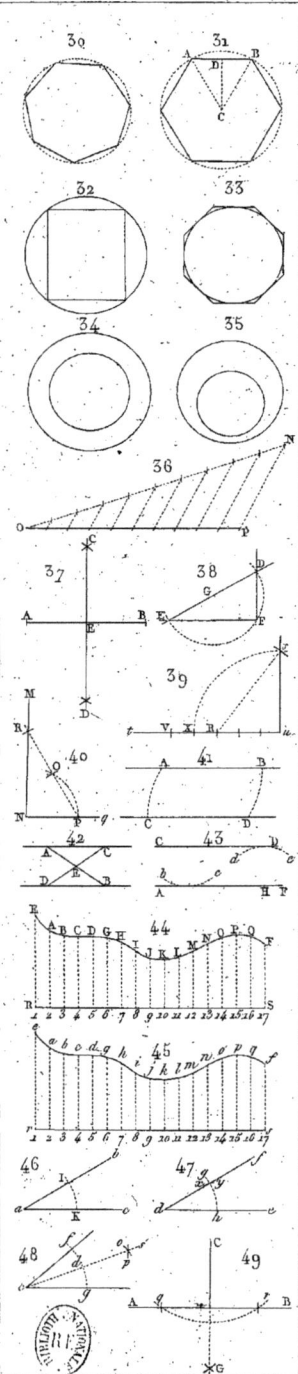

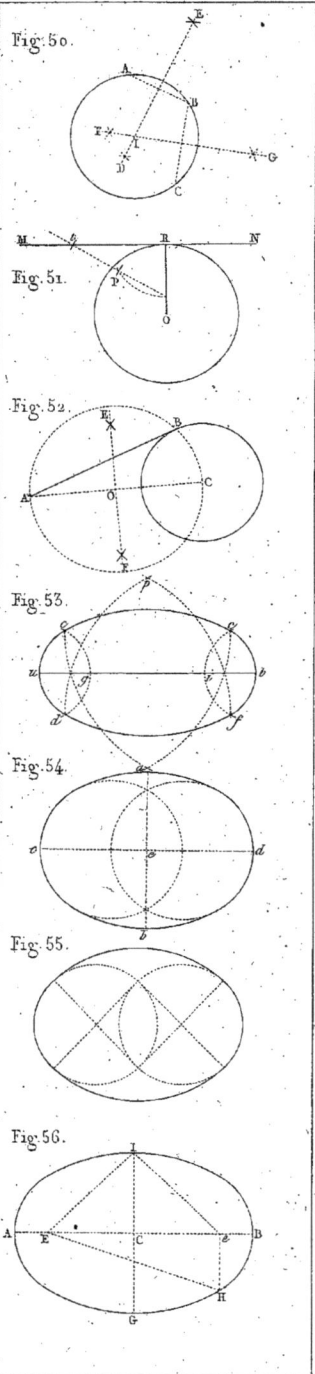

Pl. 1

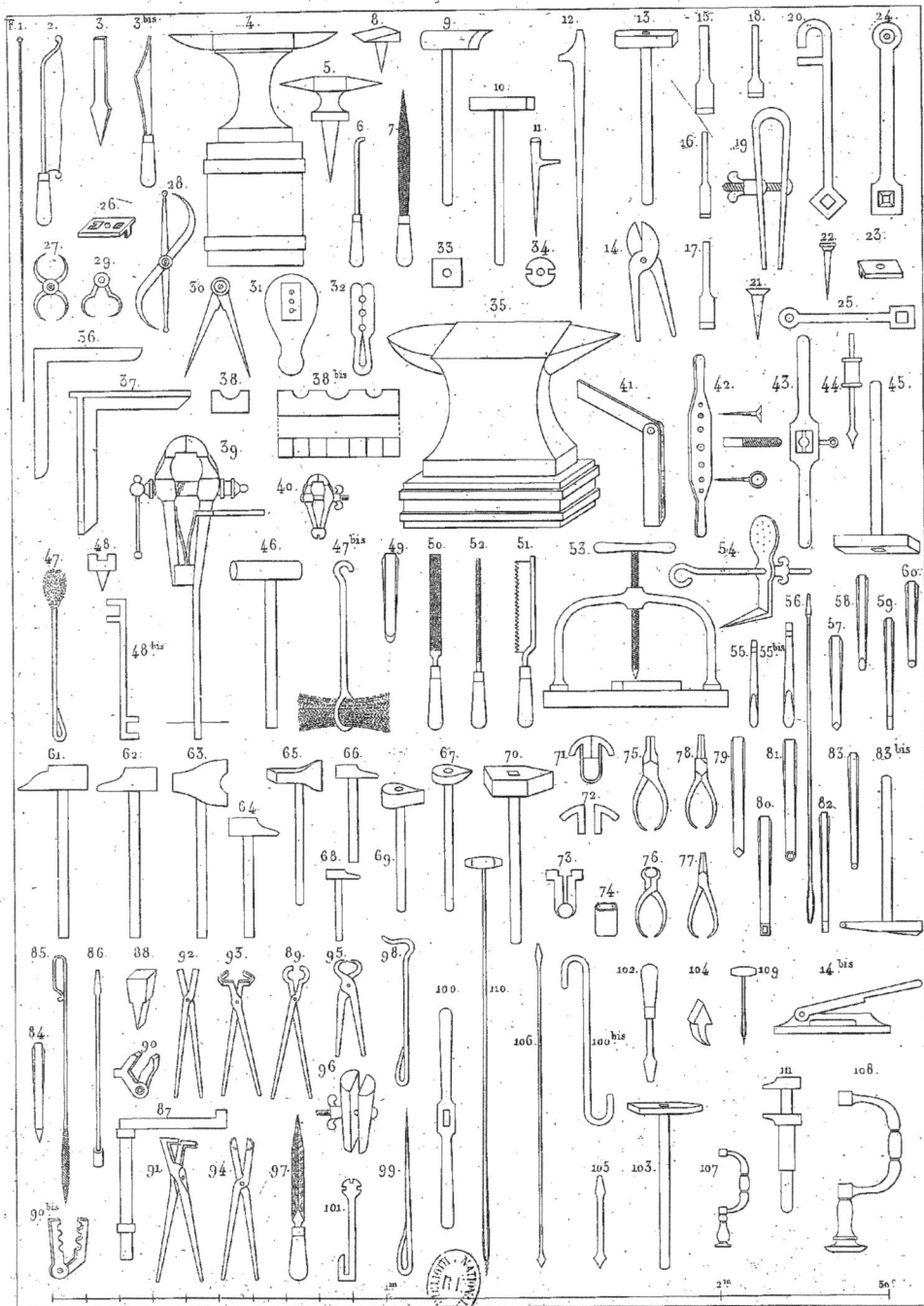

Pl. 2.

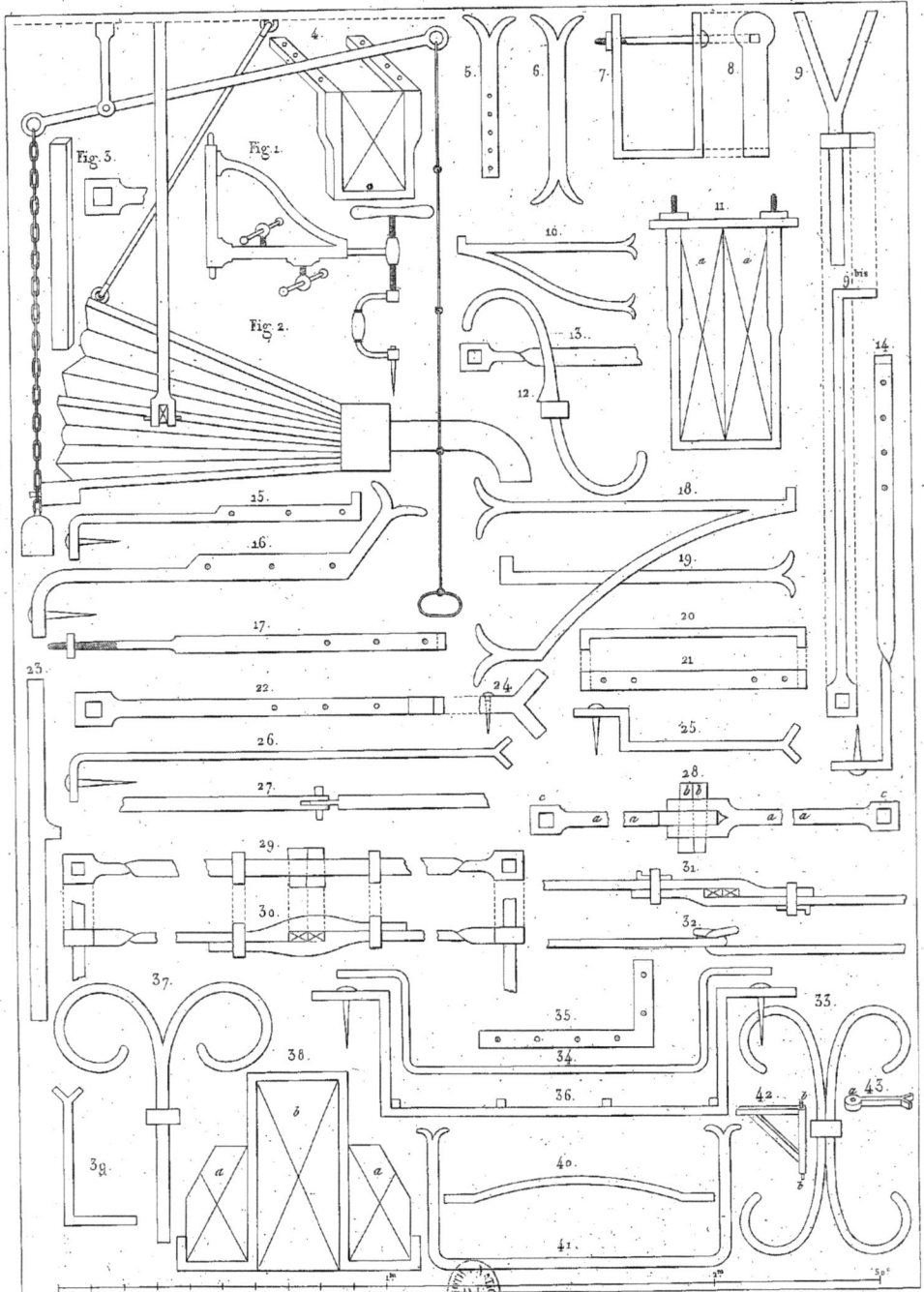

Pl. 3.

Fig. 3.
Fig. 1.
Fig. 2.

4.
5. 6. 7. 8. 9.
10. 11. 9.bis
12. 13. 14.
15. 16. 17. 18. 19.
20. 21.
22. 23. 24. 25.
26. 27. 28.
29. 30. 31. 32.
33. 34. 35. 36. 37. 38. 39.
40. 41. 42. 43.

Pl. 4.

Pl. 5.

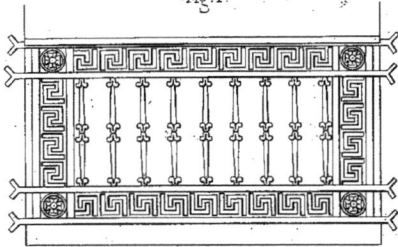

Fig. 1

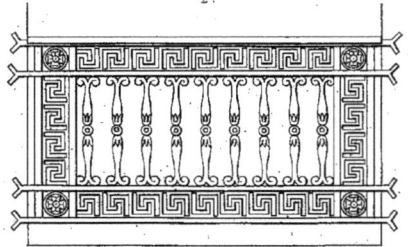

2

3

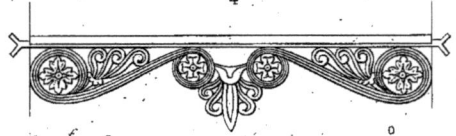

4

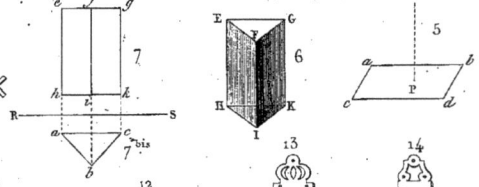

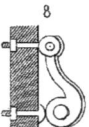

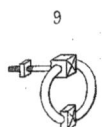

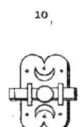

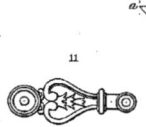

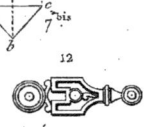

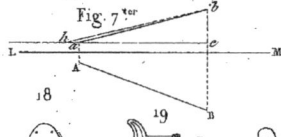

Fig. 7 ter

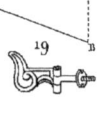

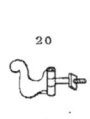

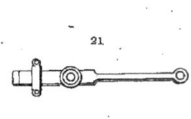

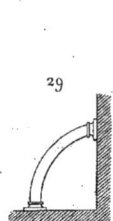

Echelle des articles de quincaillerie

Pl. 6.

Fig. 1.

2. 3. 4. 5.

7. 8. 9. 10. 11. 12. 14.

6.

13. 15.

16. 19. 20.

17. 18.

21. 22. 23. 24. 25.

19. 27. 26.

28. 30.

31.

32.

Ech. des Fig. 21 et suivantes.

Echelle des Fig. 1 à 20.

Pl. 7.

Fig. 1.

2.

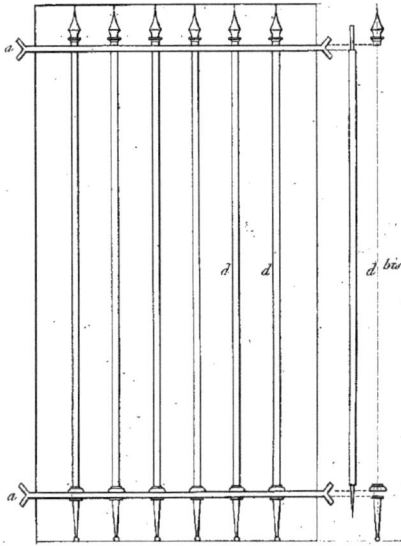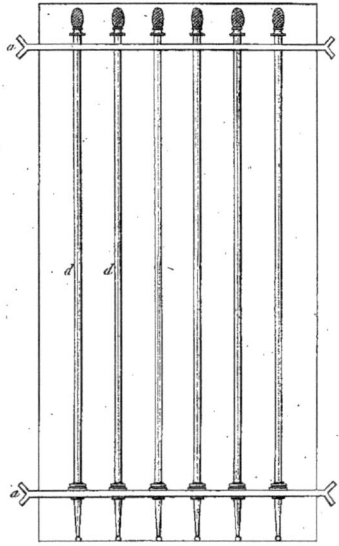

4.

3.

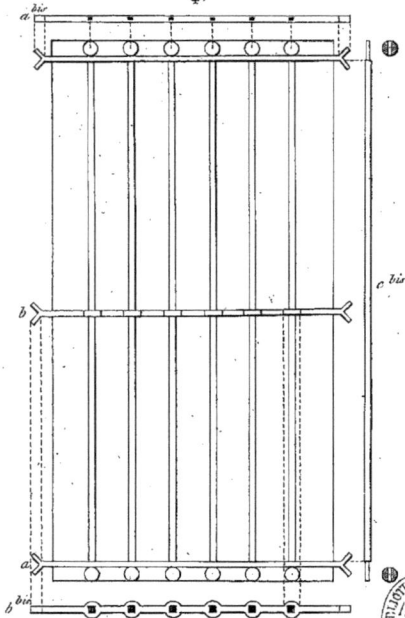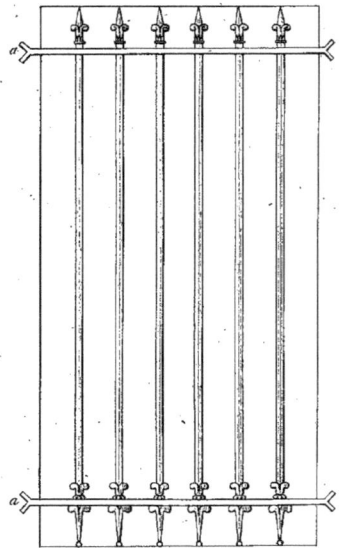

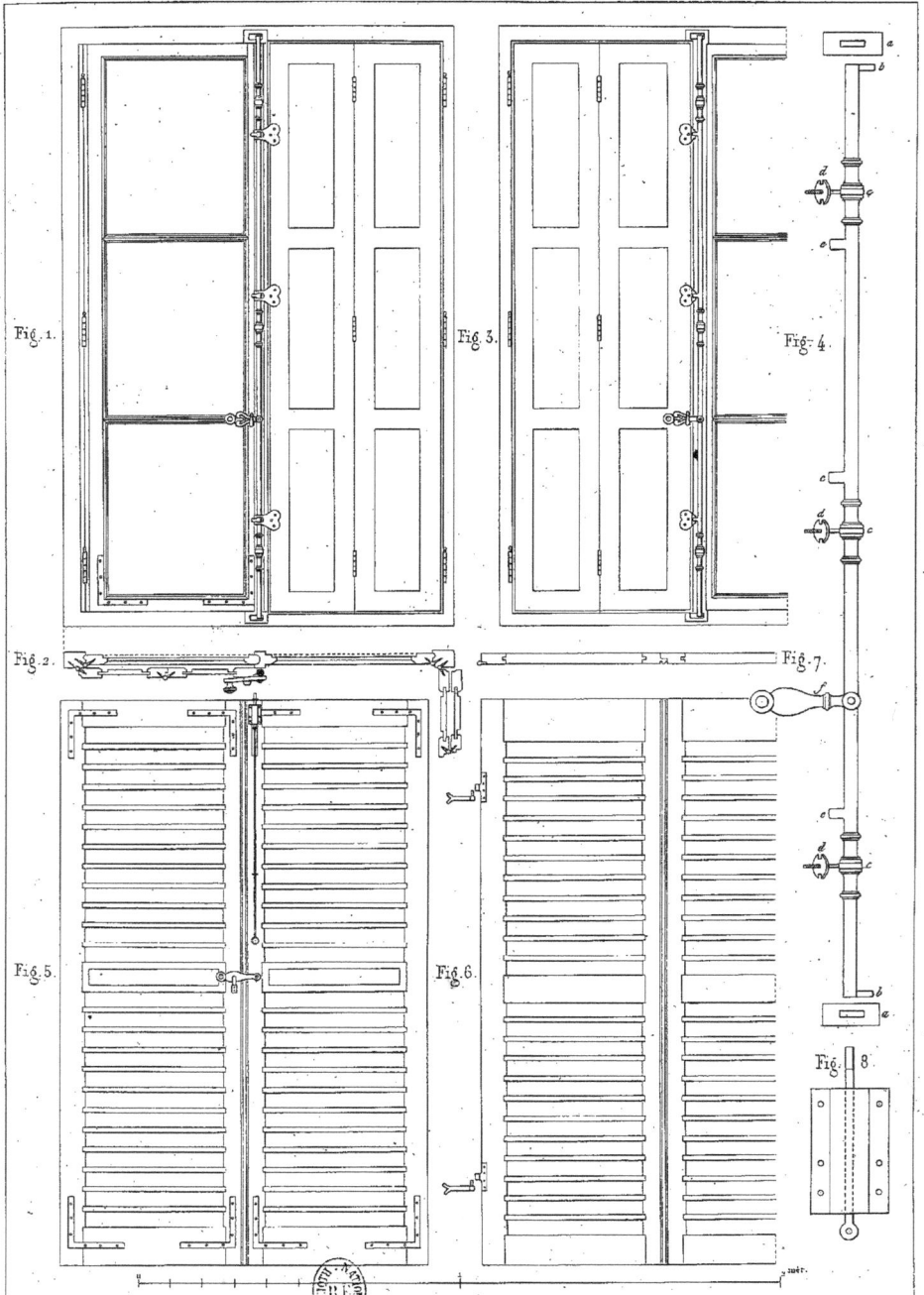

Pl. 8.

Fig. 1.

Fig. 3.

Fig. 4.

Fig. 2.

Fig. 7.

Fig. 5.

Fig. 6.

Fig. 8.

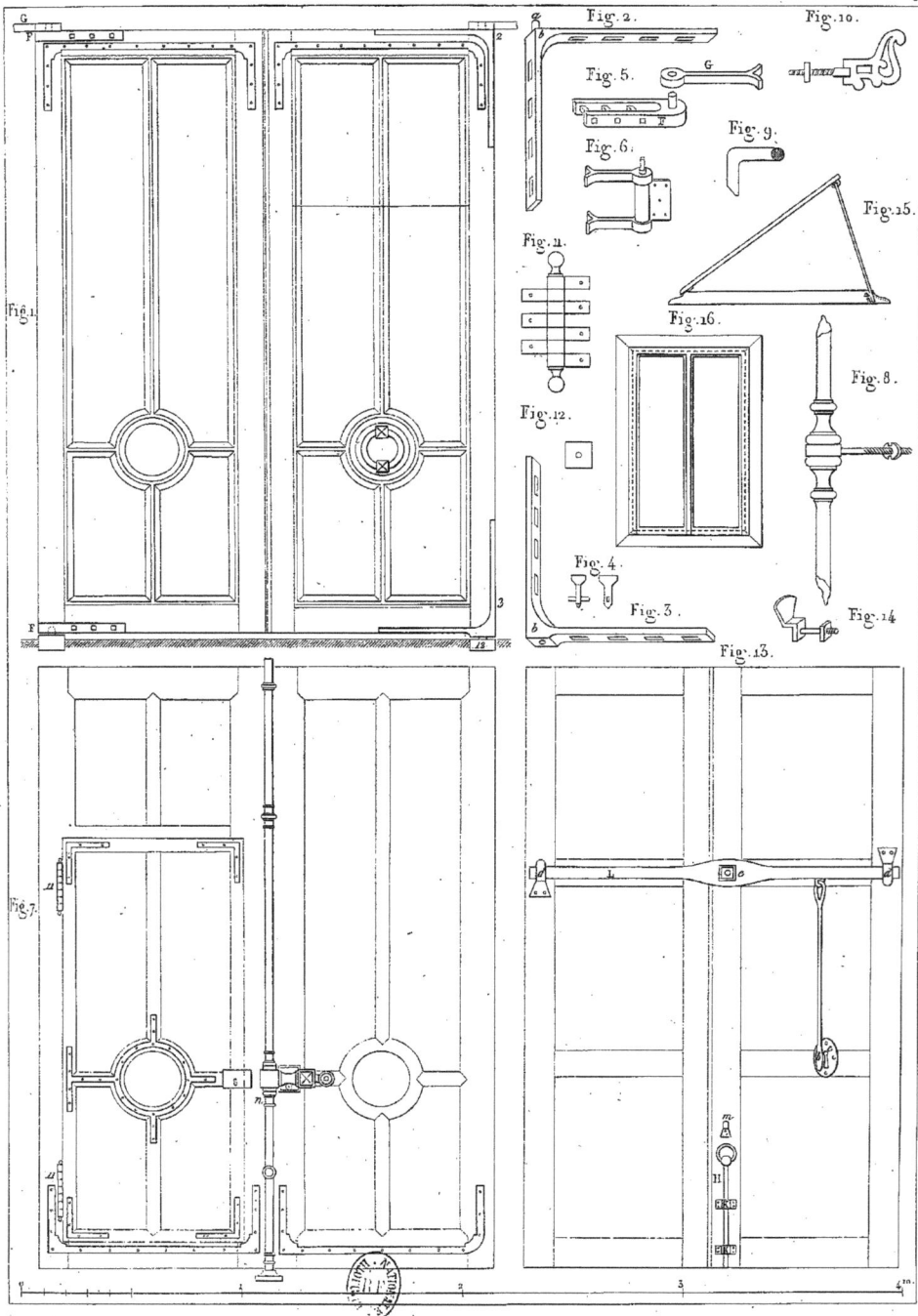

Pl. 9.

Fig. 2.

Fig. 10.

Fig. 5.

G

Fig. 6.

Fig. 9.

Fig. 15.

Fig. 1.

Fig. 11.

Fig. 16.

Fig. 8.

Fig. 12.

Fig. 4.

Fig. 3.

Fig. 14.

Fig. 13.

Fig. 7.

Pl. 10.

Fig. 1.

2

3

4

5

6

7

8

9

10

13 bis

13

11

12

14

15

16

17

18

19

20

21

22

23

24

25

26

27

28

29

30

31

32

33

34

35

36

37

38

39

Fil du ressort de rappel

Fil de la sonnette

40

41

Fil du ressort de rappel

Fil de la sonnette

42

43

44

46

45

47

48

49

50

51

52

53

54

55

Pl. 11.

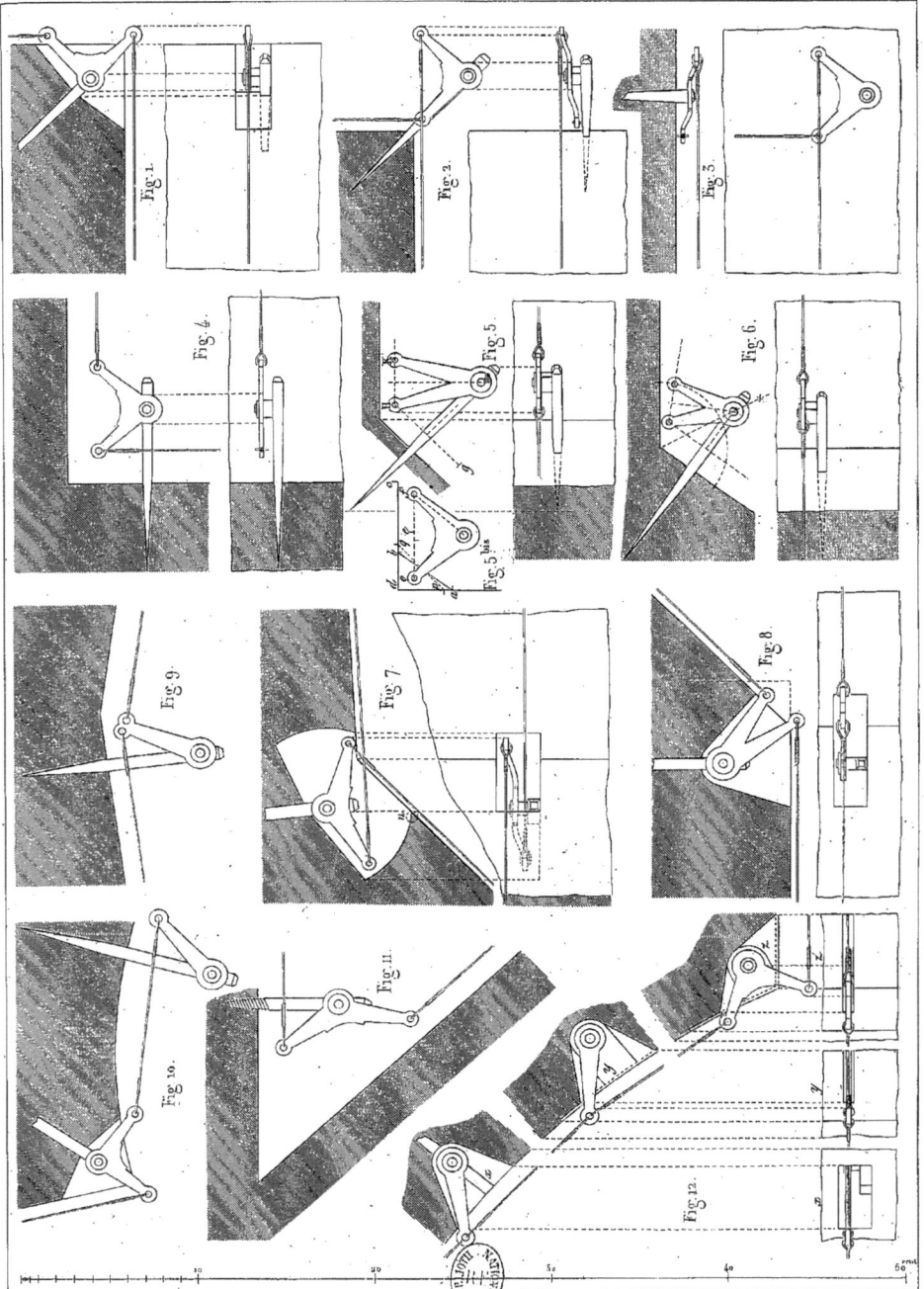

Fig. 1.
Fig. 2.
Fig. 3.
Fig. 4.
Fig. 5.
Fig. 5 bis.
Fig. 6.
Fig. 7.
Fig. 8.
Fig. 9.
Fig. 10.
Fig. 11.
Fig. 12.

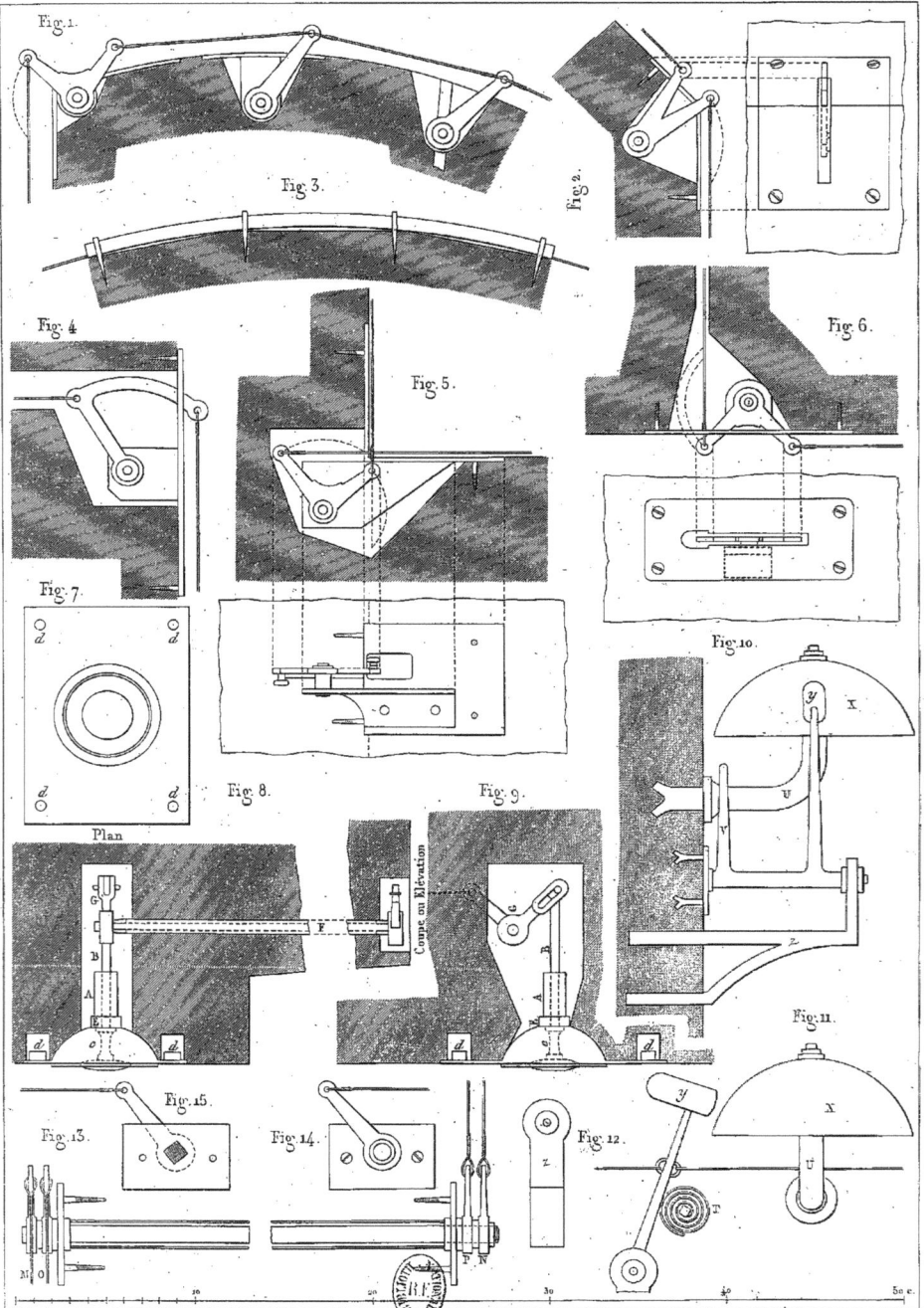

Pl. 12.

Fig. 1.

Fig. 2.

Fig. 3.

Fig. 4.

Fig. 5.

Fig. 6.

Fig. 7.

Plan

Fig. 8.

Fig. 9.

Fig. 10.

Fig. 11.

Fig. 12.

Fig. 13.

Fig. 14.

Fig. 15.

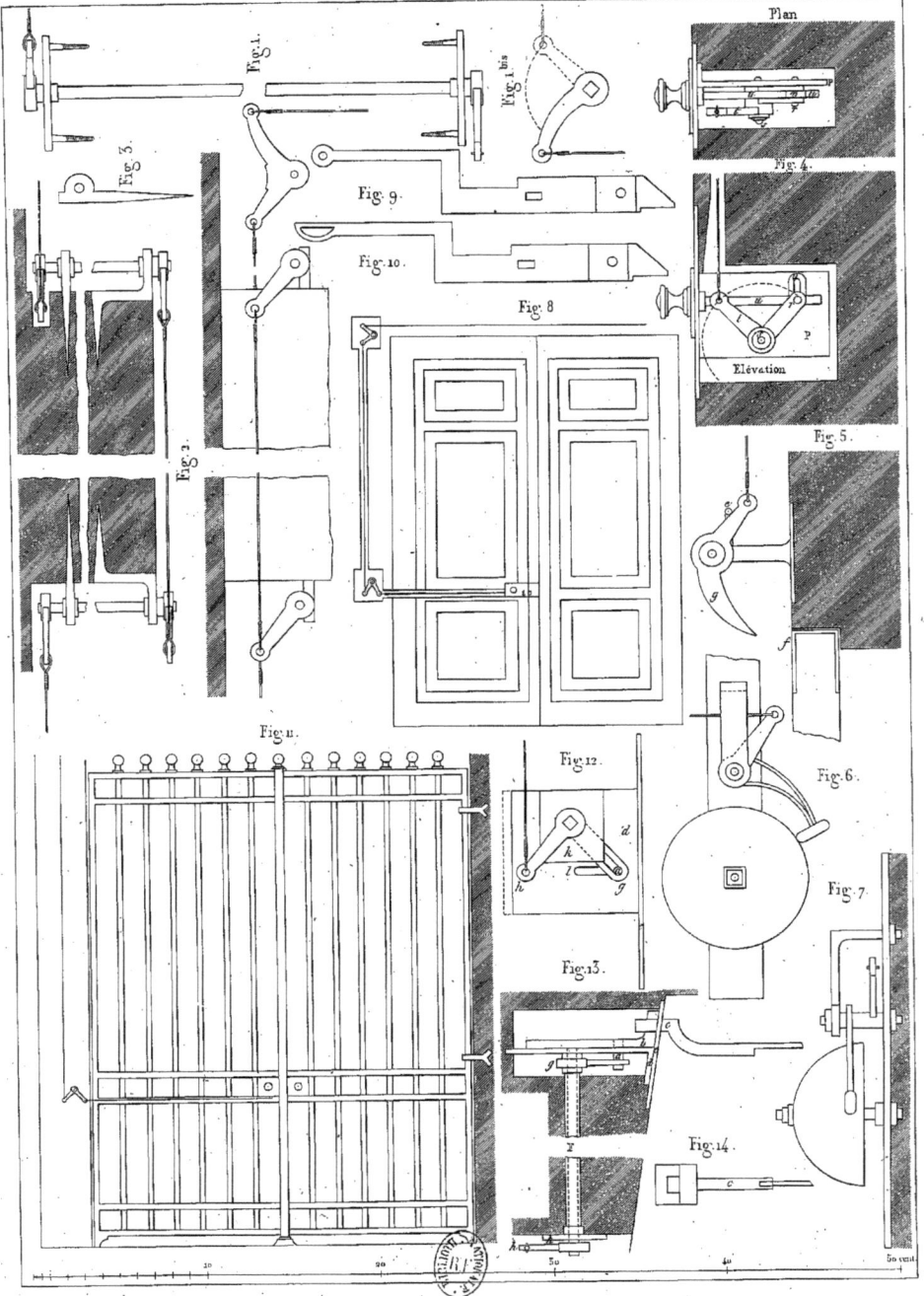

Pl. 13.

Plan

Fig. 1.

Fig. 1 bis

Fig. 3.

Fig. 9.

Fig. 10.

Fig. 8.

Fig. 4.

Elévation

Fig. 5.

Fig. 2.

Fig. 6.

Fig. 7.

Fig. 11.

Fig. 12.

Fig. 13.

Fig. 14.

Pl. 14.

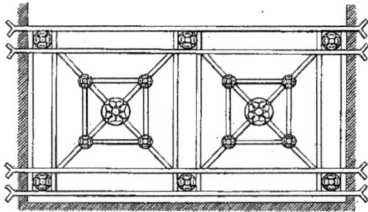 

B

 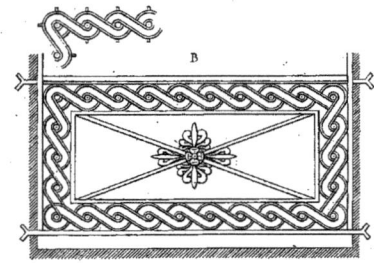

A

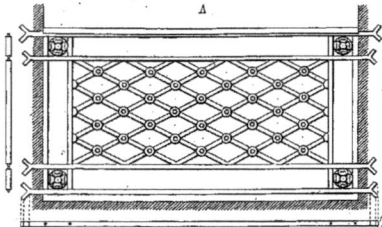 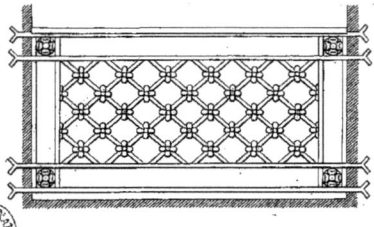

Pl. 15.

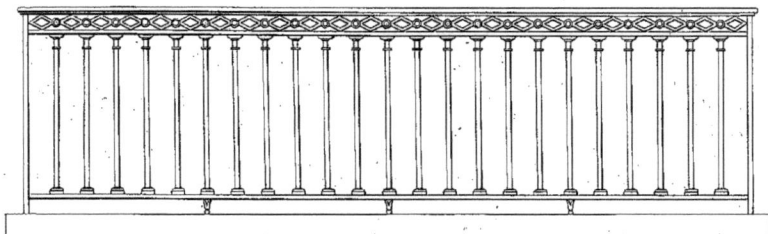

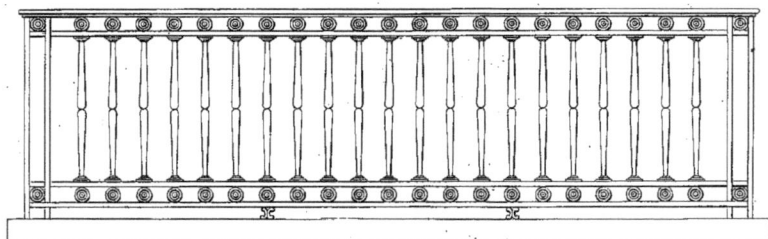

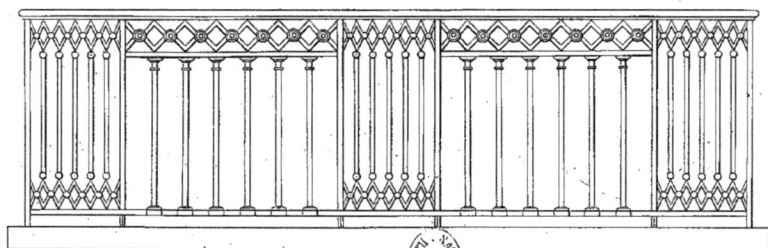

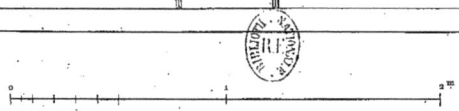

0   1   2ᵐ

Pl. 16.

k   k   k   k

k   k

A

Pl.17.

Fig.1.

Pl. 18.

Pl.19.

Pl. 20.

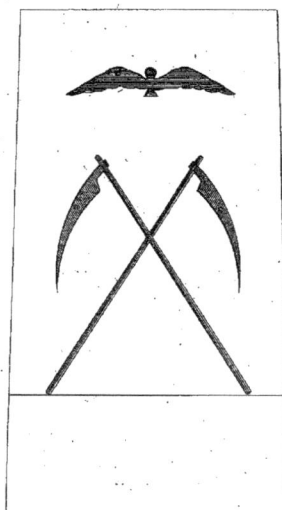

Pl. 21.

D

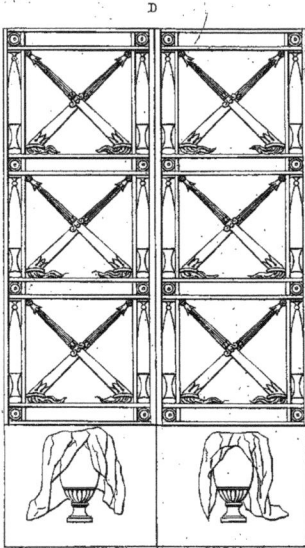

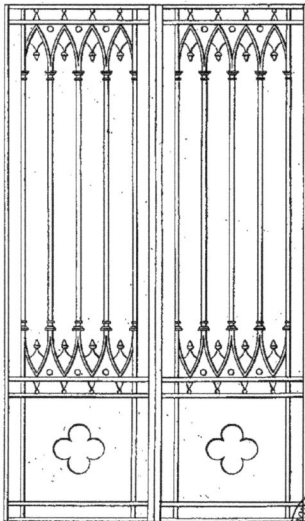

Pl. 22.

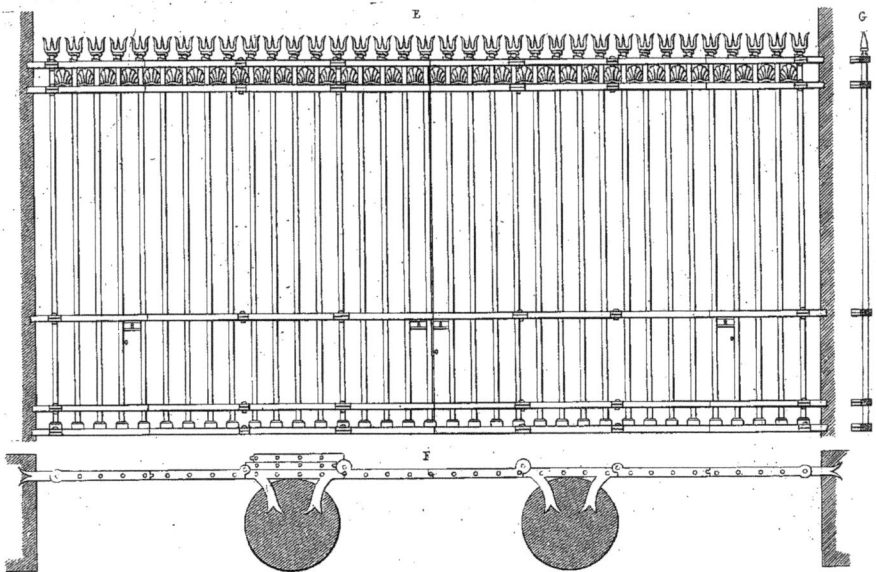

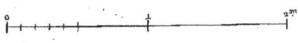

Pl. 23.

Pl. 24.

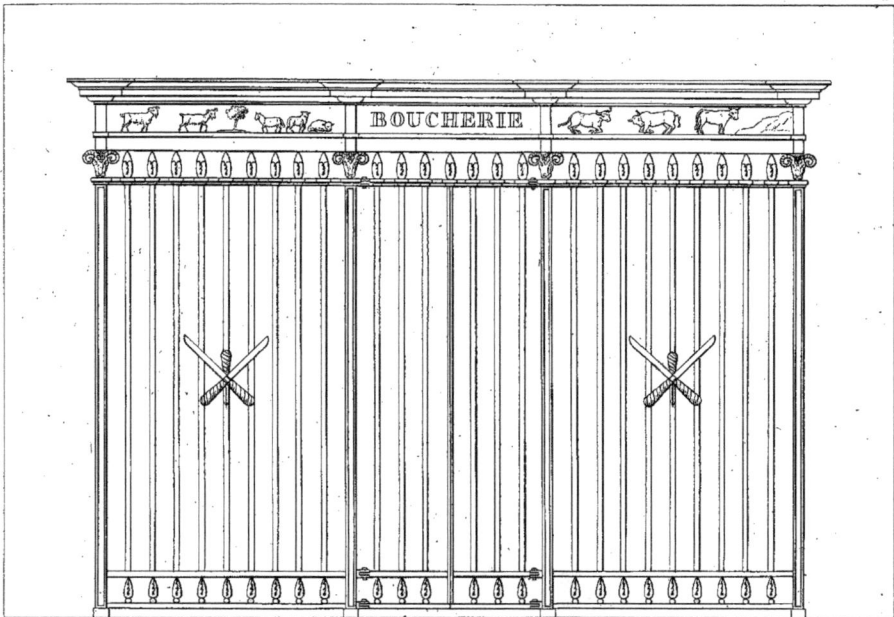

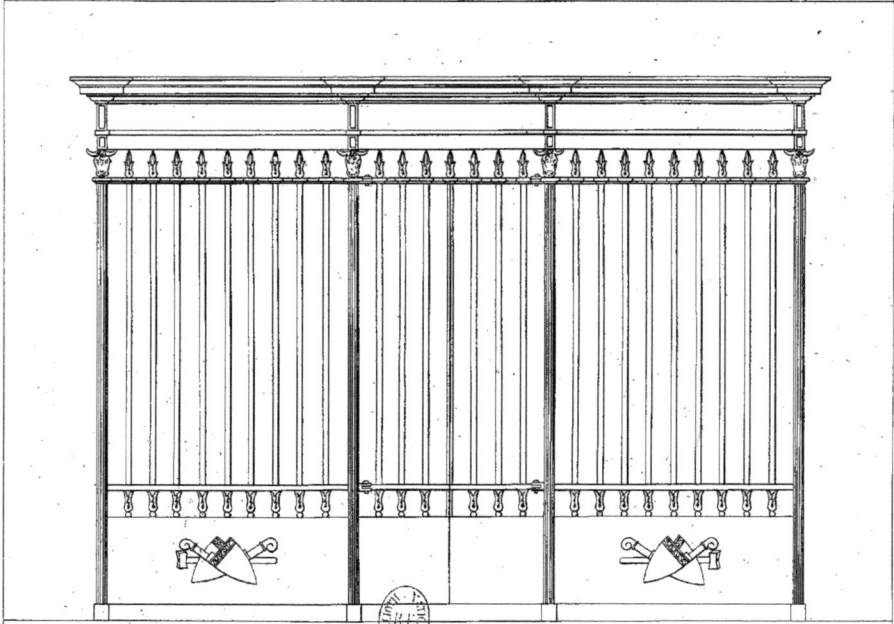

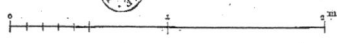

Pl. 25.

Palmette   id.   id.   Barreau

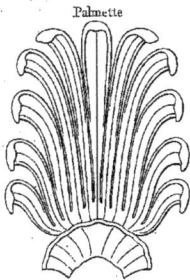

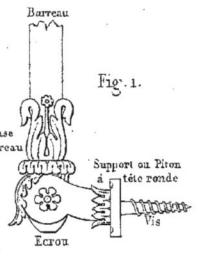

Fig. 1.

Embase
du Barreau

Support ou Piton
à tête ronde

Vis

Ecrou

Tête de Barreau   Tête de Barreau   3   4

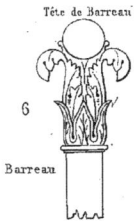

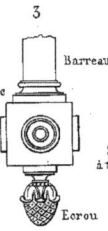

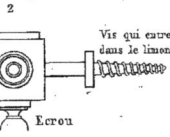

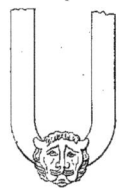

6   7

Barreau   Barreau

Embase

Barreau

Support
à tête c^{rée}
vu de face

Ecrou

2

Support
à tête carrée

Ecrou

Vis qui entre
dans le limon

5

Barreau
Embase
Support

Ecrou

Frise en fonte

Rinceaux

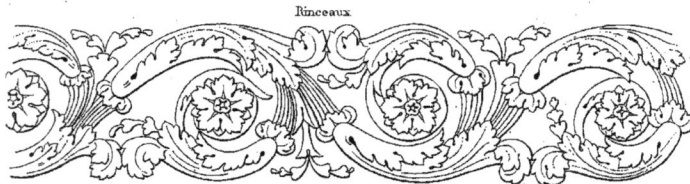

8

Tête
de Barreau

Barreau

Rosace.   id.   Embase   Embase

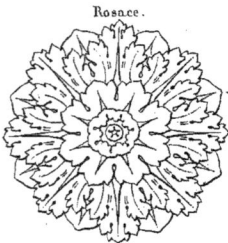

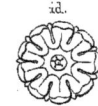

id.   id.

id.

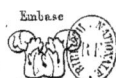

Embase   Embase

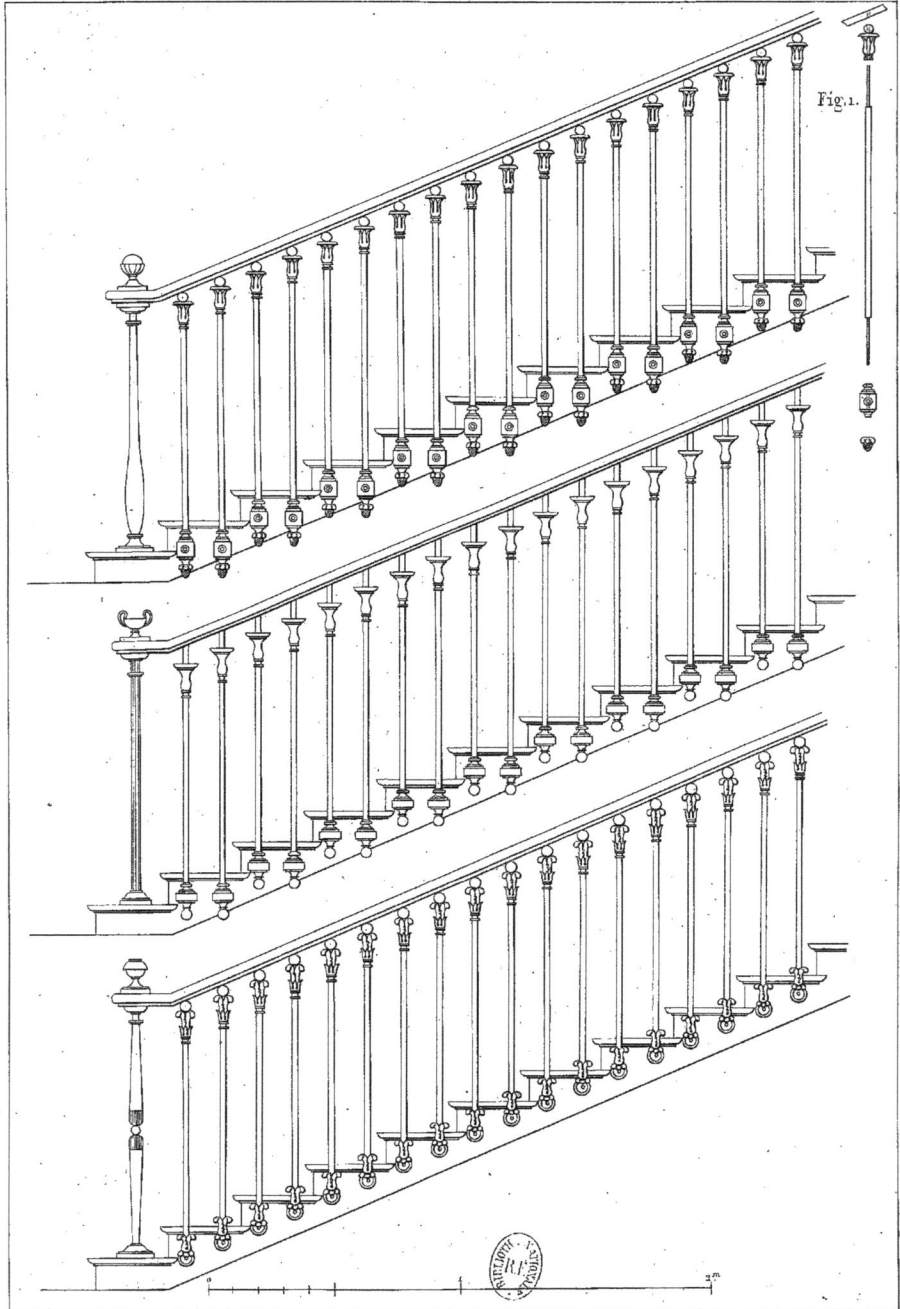

Pl. 26.

Fig. 1.

Pl. 27.

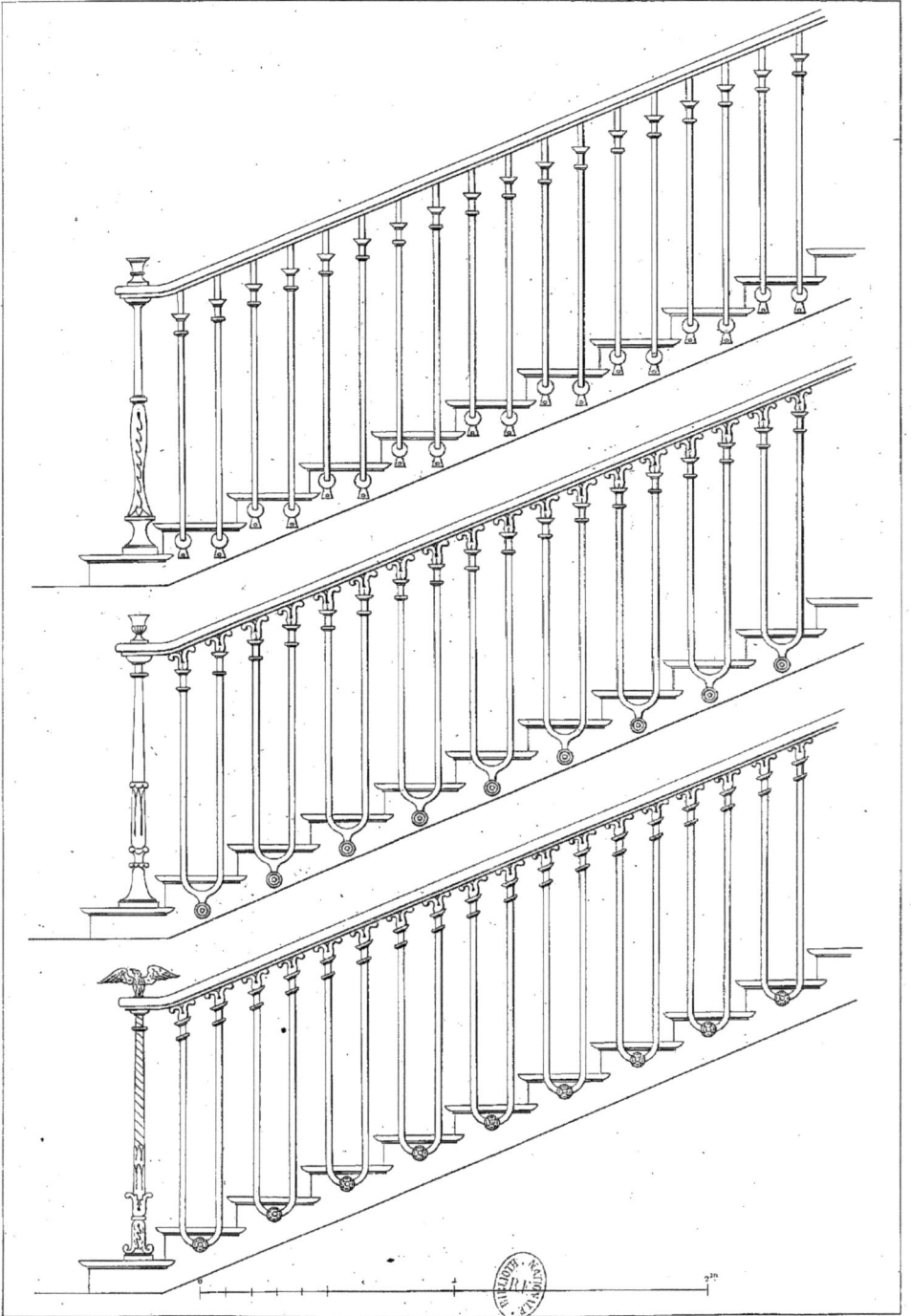

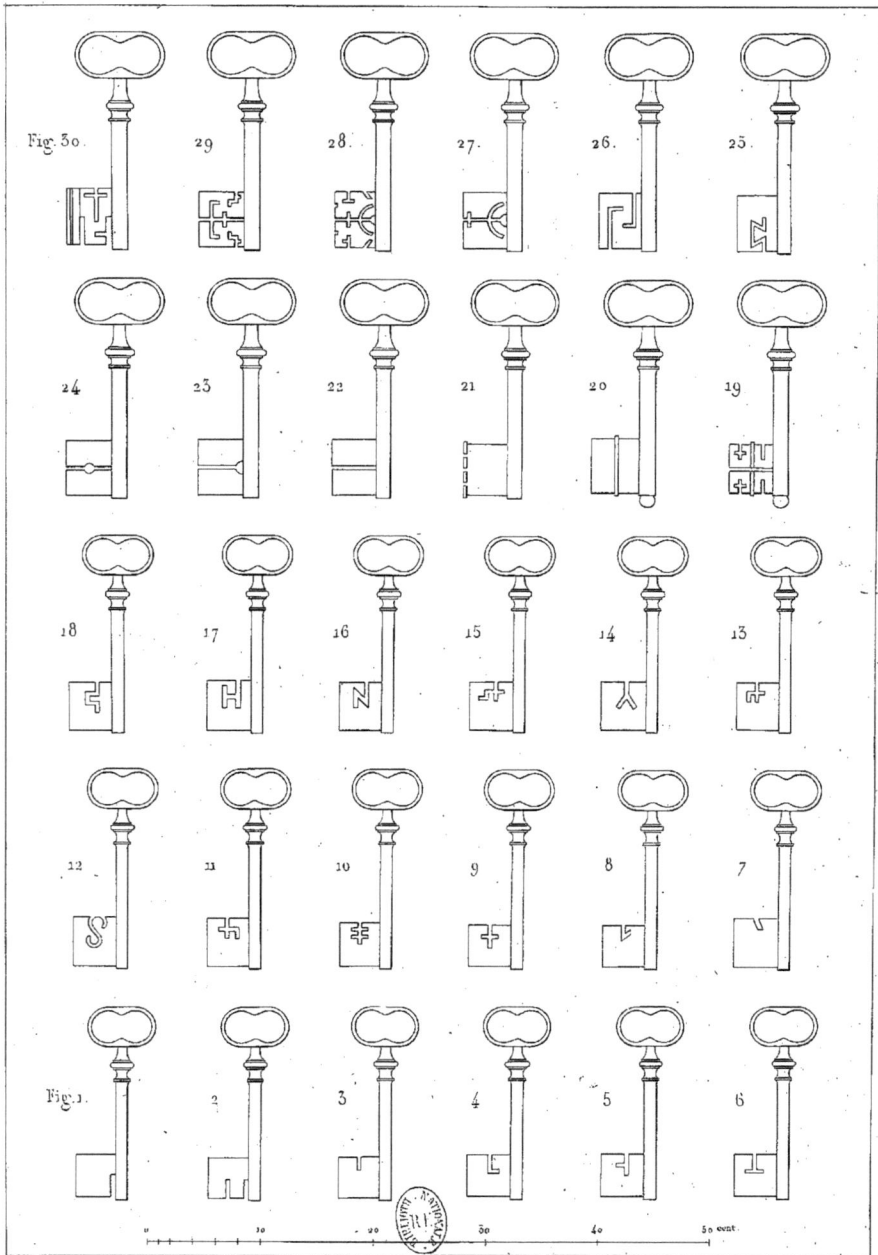

Pl. 28.

Fig. 30. 29 28 27. 26. 25.

24 23 22 21 20 19

18 17 16 15 14 13

12 11 10 9 8 7

Fig. 1 2 3 4 5 6

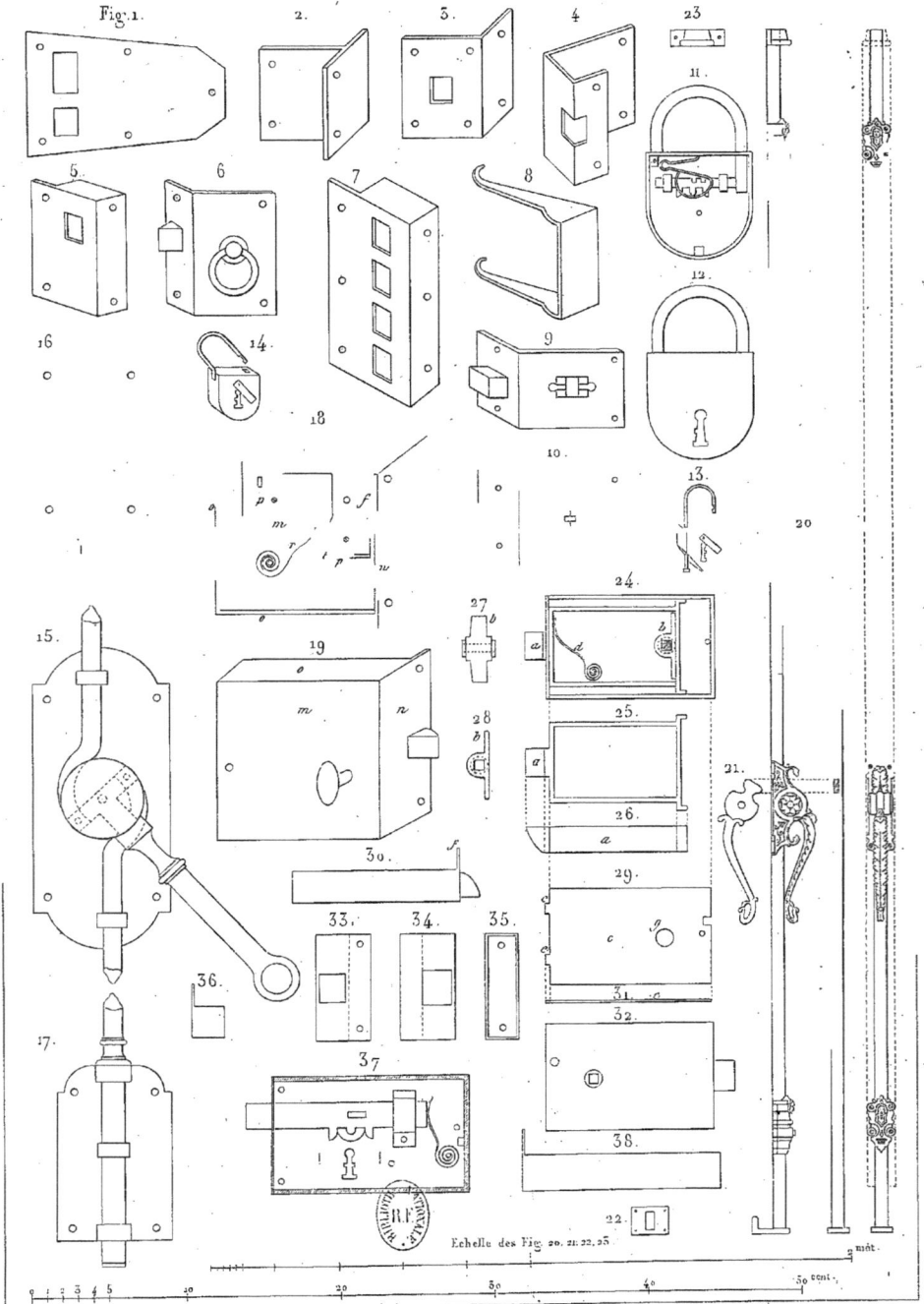

Pl. 29.

Fig. 1. 2. 3. 4. 23.

11.

5. 6. 7. 8.

12.

16. 14. 9.

18. 10. 13. 20.

24.

15. 19. 27. 25.

28. 26.

30. 29.

33. 34. 35. 31.

36. 32.

17. 37. 38.

22.

Echelle des Fig. 20. 21. 22. 23.

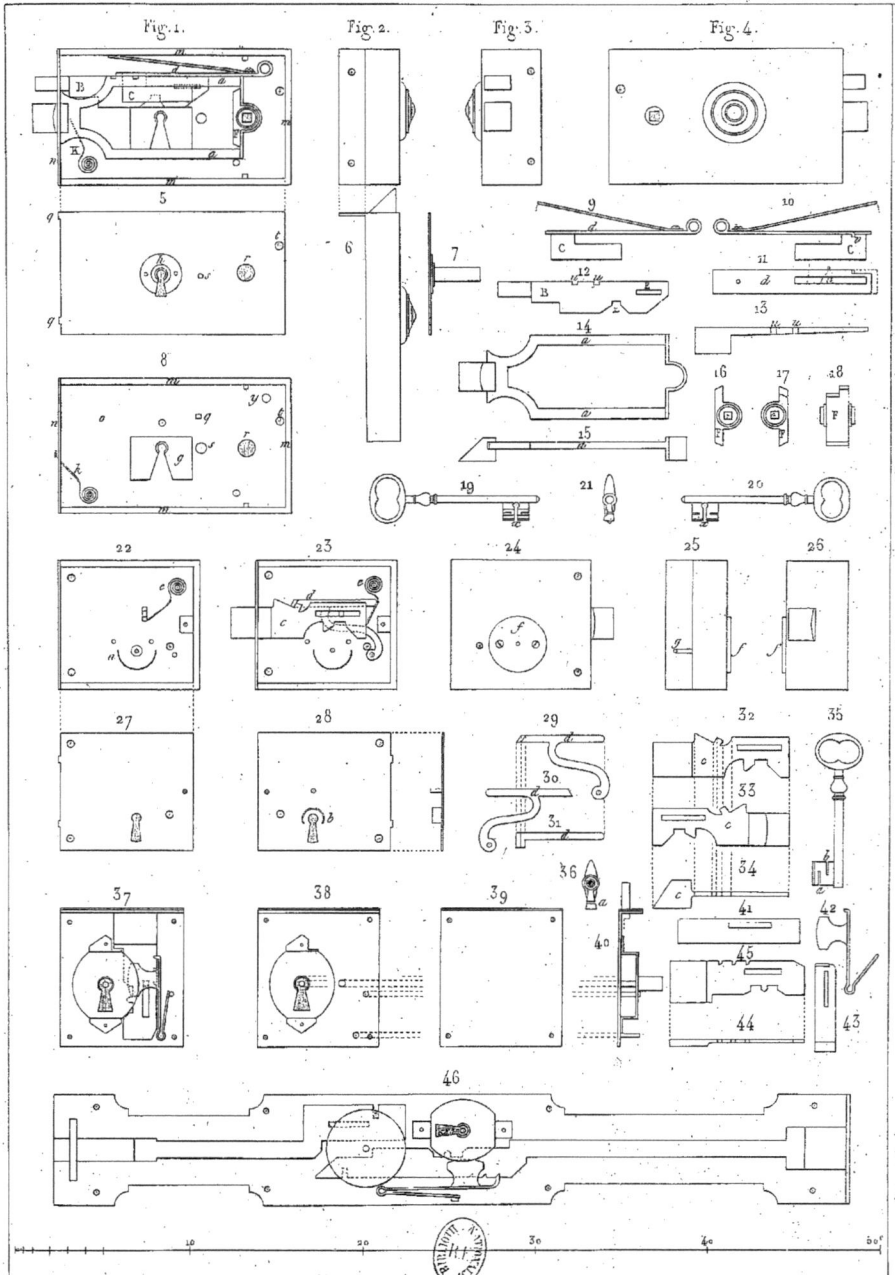

Fig. 1.   Fig. 2.   Fig. 3.   Fig. 4.

Pl. 31

Fig. 1.

Fig. 2.

Fig. 3.

Fig. 4.

Fig. 5.

Fig. 4 bis

Fig. 6.

Fig. 7.

Fig. 8.

Fig. 9.

Fig. 10.

Ech. de | q. 25 cent.

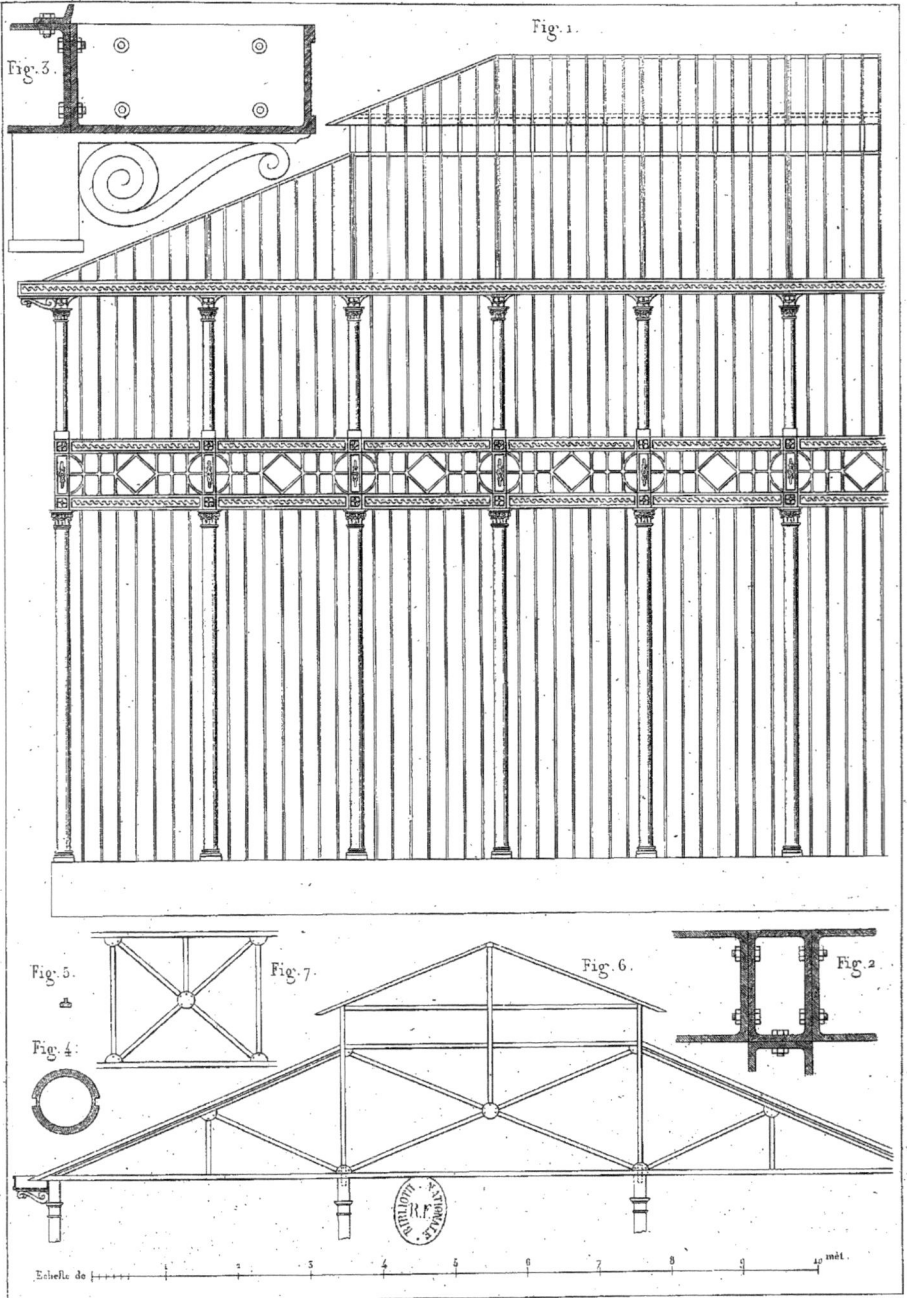

Pl. 32.

Fig. 1.

Fig. 3.

Fig. 5.   Fig. 7.   Fig. 6.   Fig. 2.

Fig. 4.

Echelle de

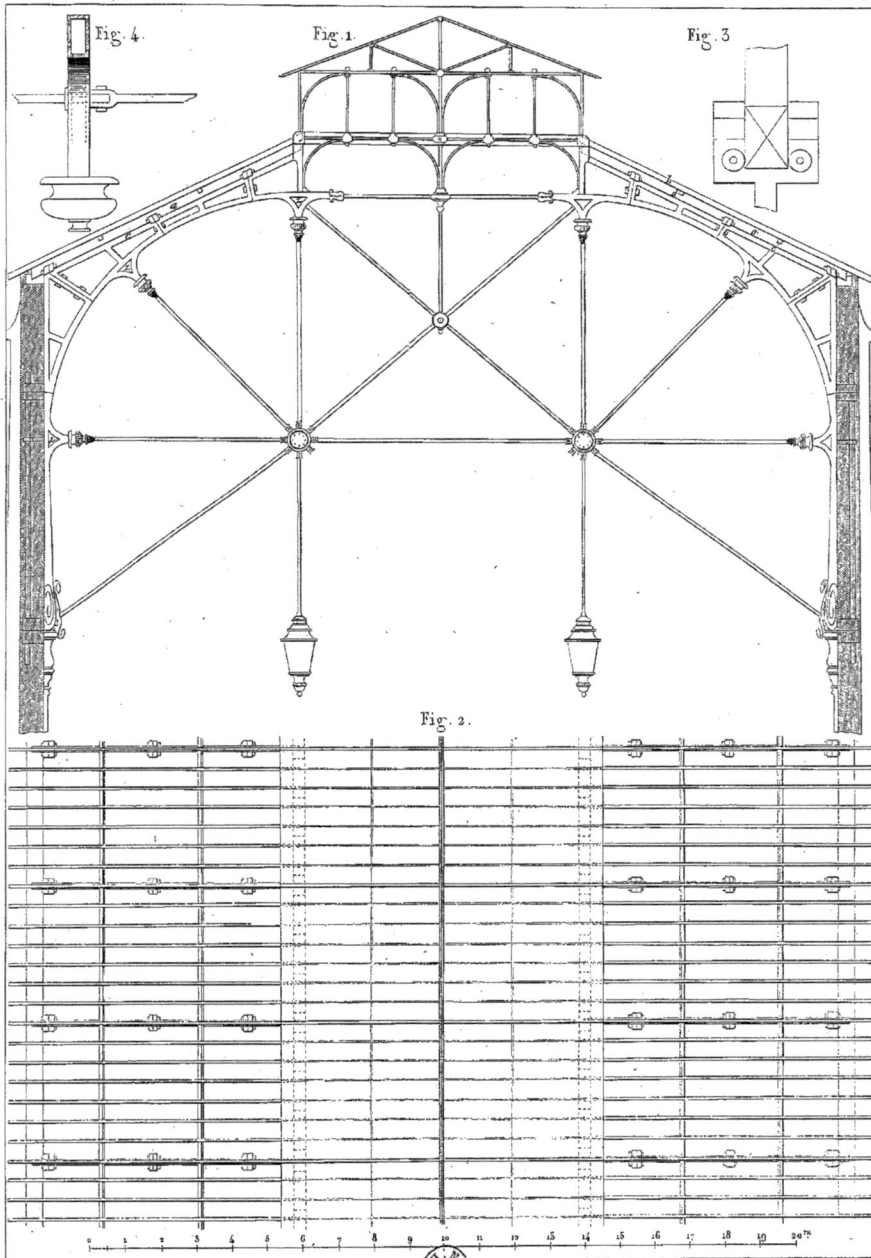

Pl. 33.

Fig. 4.

Fig. 1.

Fig. 3.

Fig. 2.

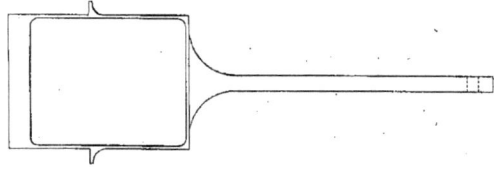

Fig. 2.

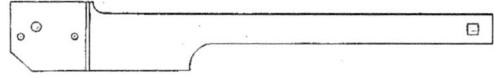

Fig. 4.

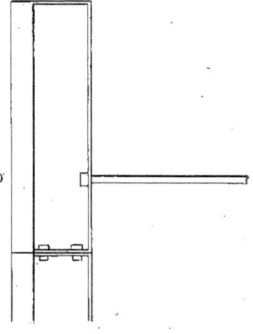

Fig. 3.

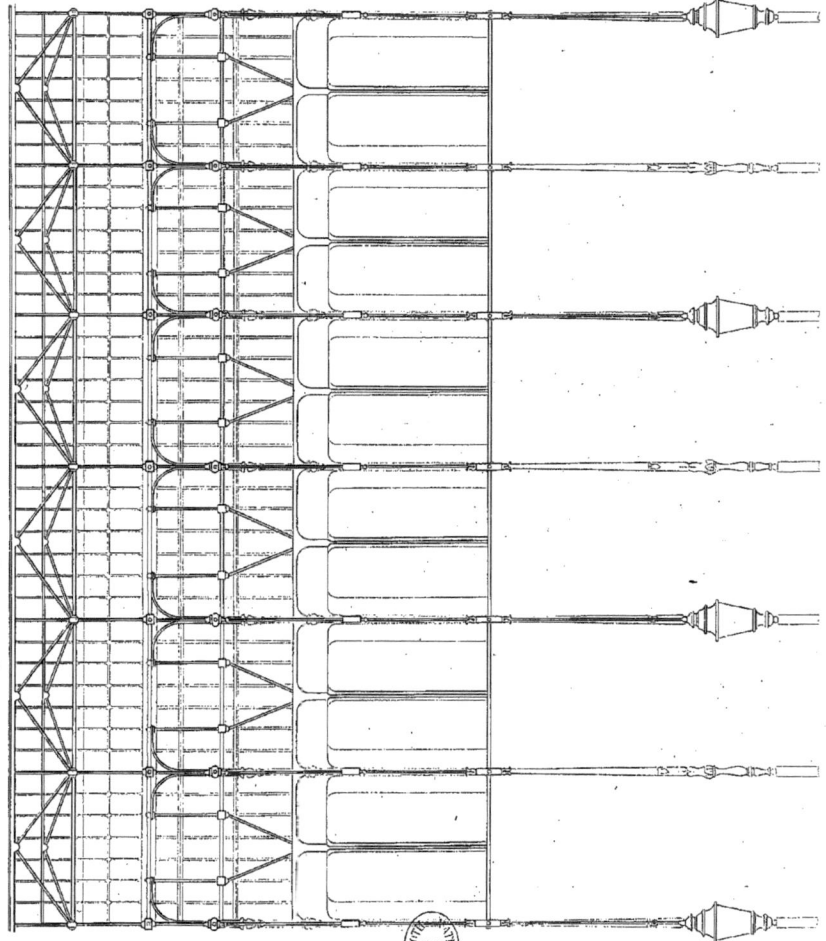

Fig. 1.

Pl. 34.

Pl. 35.

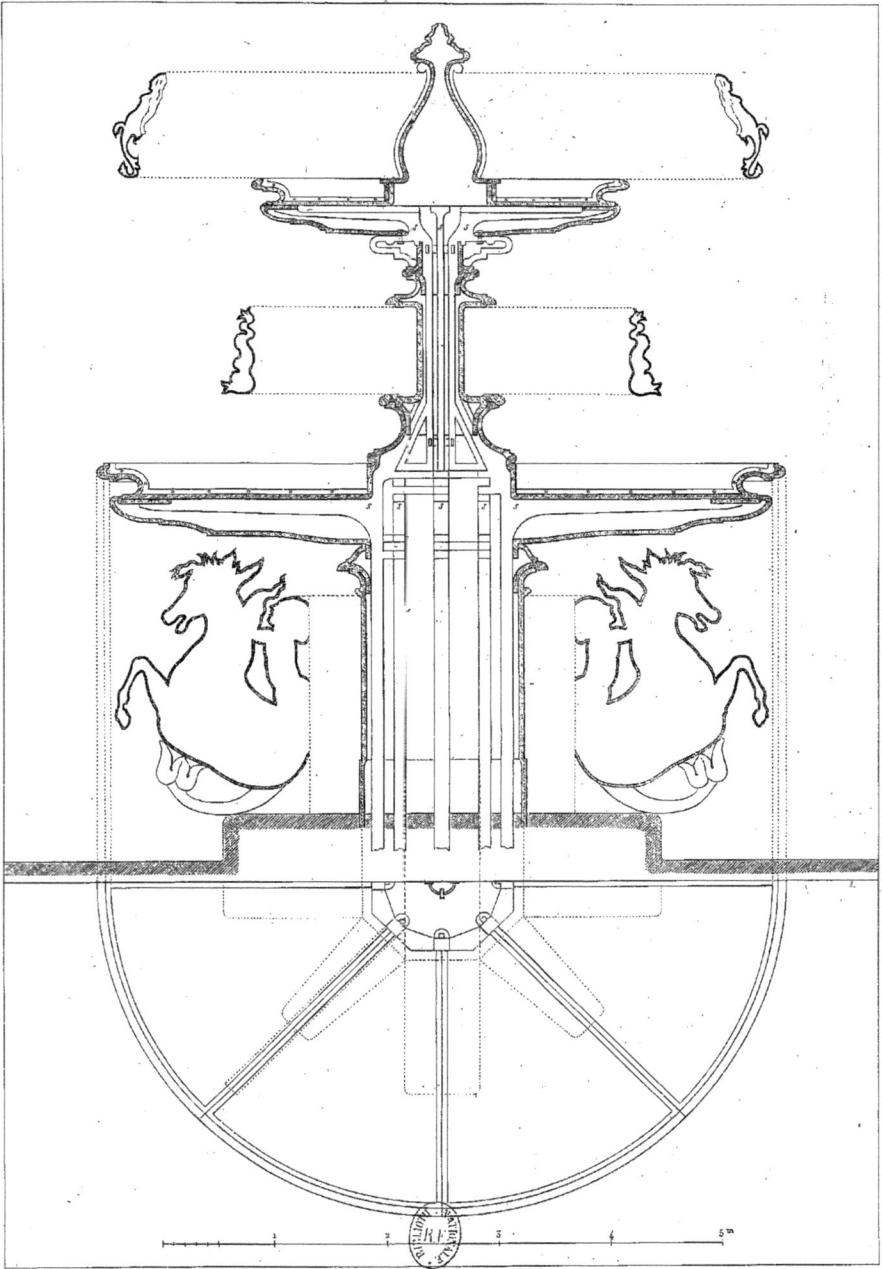

Pl. 36.

Pl. 37

Coupe

Plan

Echelle de

Echelle pour le plan et la coupe

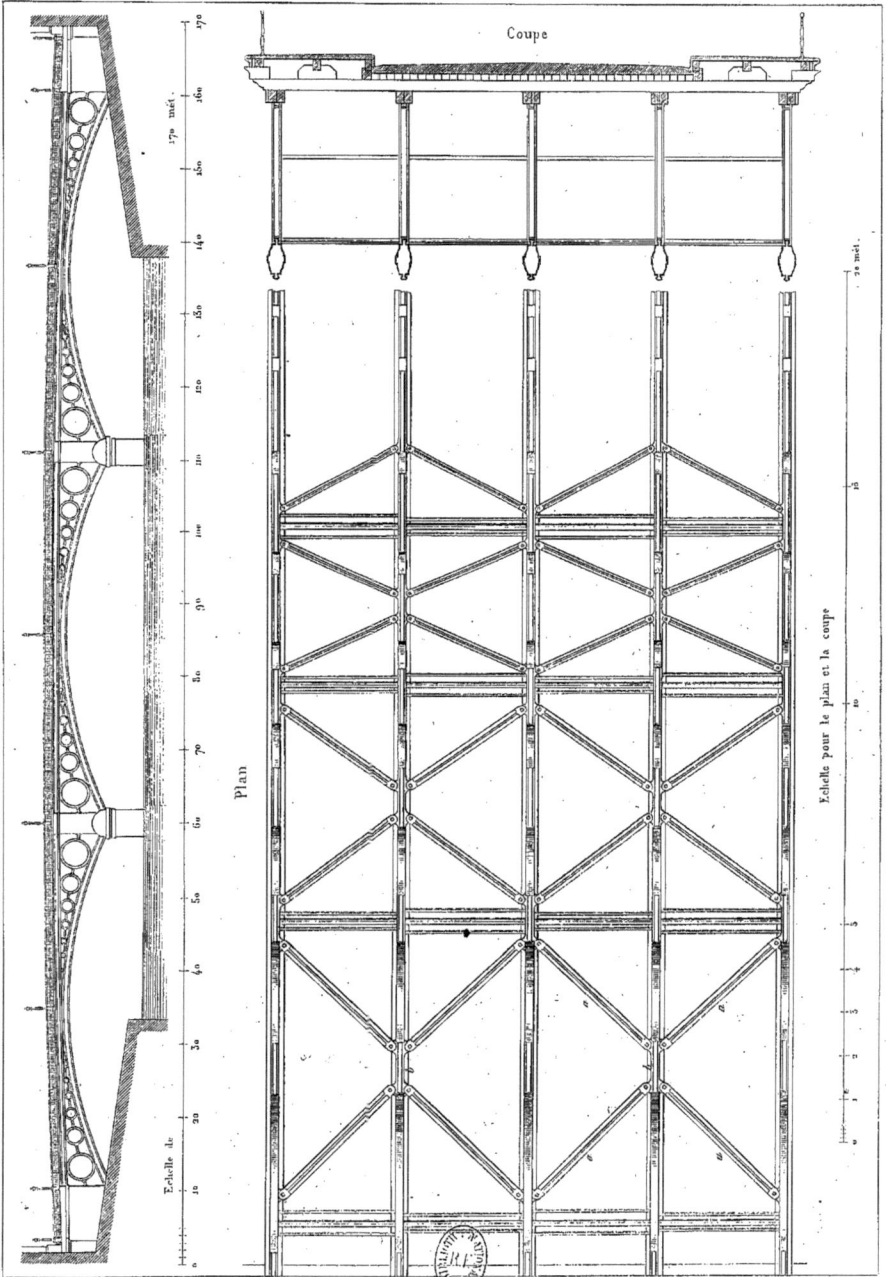

Pl. 38.

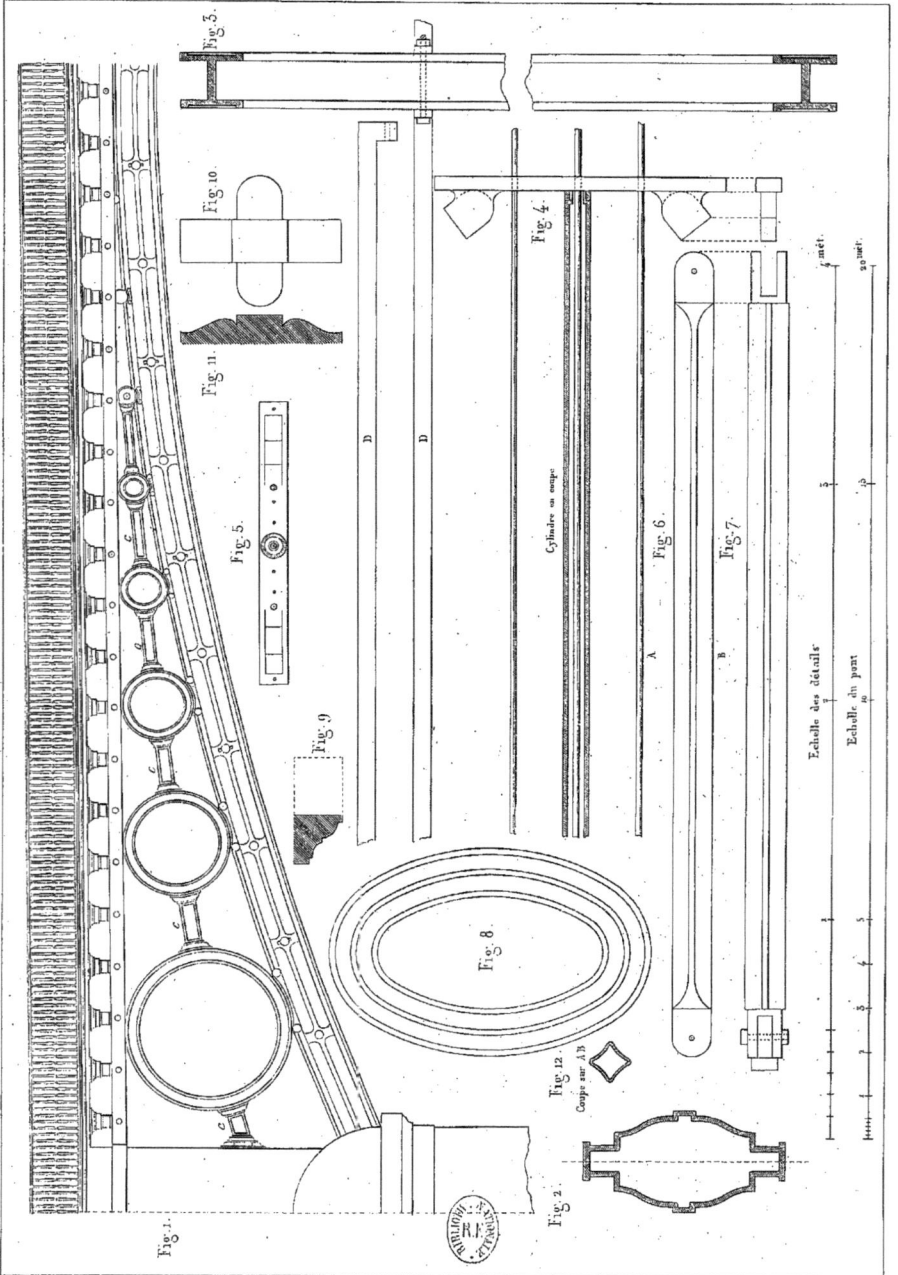

Fig. 3.

Fig. 10.

Fig. 11.

Fig. 5.

Fig. 9.

Fig. 4.

Cylindre en coupe

Fig. 6.

Fig. 7.

Fig. 8.

Fig. 12
Coupe sur AB

Fig. 2.

Fig. 1.

A

B

D

D

Echelle des détails

Echelle du pont

mèt.

R.F.

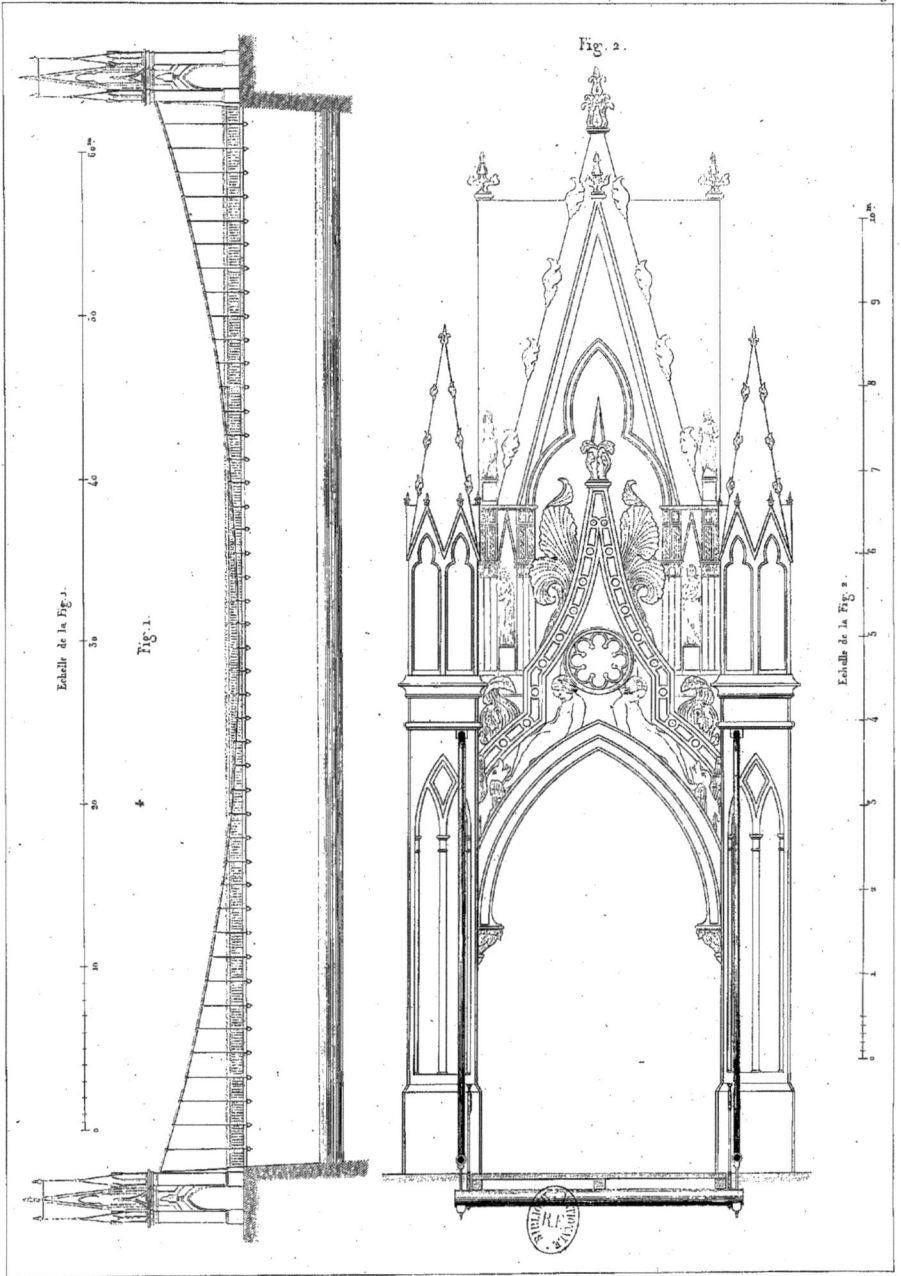

Pl. 39.

Fig. 2.

Fig. 1.

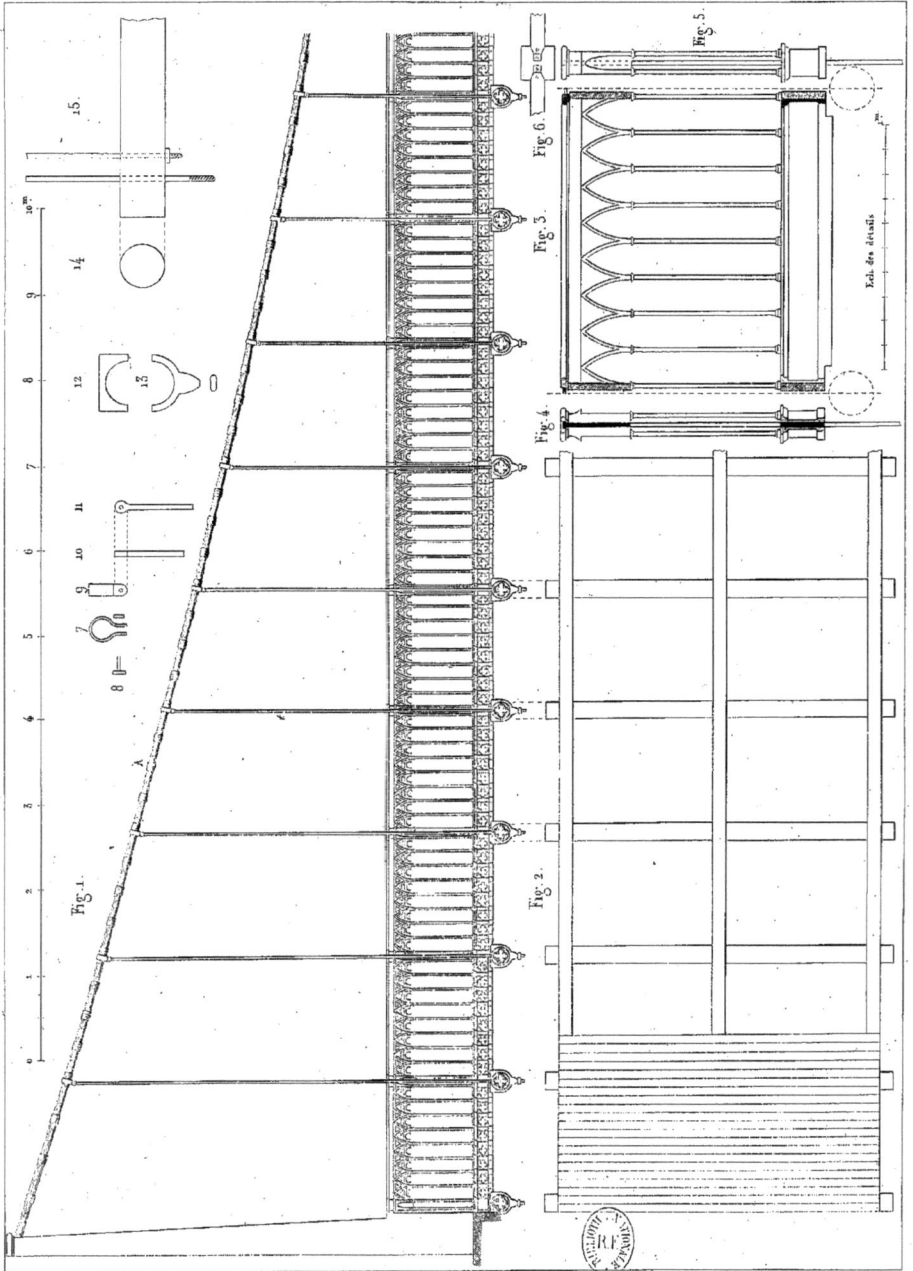

Pl. 40.

Fig. 1.

Fig. 2.

Fig. 3.

Fig. 4.

Fig. 5.

Fig. 6.

Éch. des détails.

www.ingramcontent.com/pod-product-compliance
Lightning Source LLC
Chambersburg PA
CBHW060629100426
42744CB00008B/1562